Para:

....

De:

....

Fecha:

....

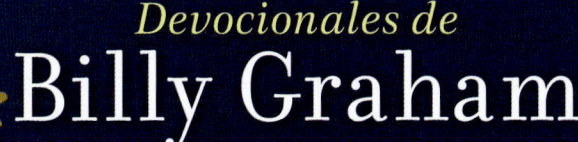

Las Buenas Nuevas de Dios

— HISTORIAS BÍBLICAS —

Ilustraciones de SCOTT WAKEFIELD

© 2016 Unilit
Medley, FL 33166

Primera edición 2016

Título del original en inglés:
God's Good News Bible Storybook
Publicado por *Tommy Nelson*, un sello de *Thomas Nelson*,
marca registrada de HarperCollins Christian Publishing, Inc.
© 2015 por *Billy Graham*

Traducción: *Canvi Media / Nancy Pineda*
Ilustraciones: *Scott Wakefield*

Este texto incluye material adaptado de obras publicadas con anterioridad por Billy Graham y se usó con su permiso.
Angels: God's Secret Agents (Nelson, Nashville, 1995)
Answers to Life's Problems (Nelson, Nashville, 1994)
The Billy Graham Training Center Bible (Nelson, Nashville, 2004)
How to Be Born Again (Nelson, Nashville, 1989)
The Holy Spirit (Nashville: Nelson, 1988)
Hope for Each Day: Morning and Evening Devotions (Nelson, Nashville, 2012)
Hope for the Troubled Heart (Nashville: Nelson, 1991)
Peace with God (Nelson, Nashville, 1997)
The Journey: How to Live by Faith in an Uncertain World (Nelson, Nashville, 2006)
The Reason for My Hope: Salvation (Nelson, Nashville, 2013)
Unto the Hills: A Daily Devotional (Nelson, Nashville, 1996)
Wisdom for Each Day (Nelson, Nashville, 2008)
Selecciones de la columna "My Answer" (1993, 1994)

Este texto también incluye material adaptado de sermones predicados por Billy Graham y se usó con su permiso.
"The Grace of God," 1954   Sermón sobre Éxodo 2 en la Gran Cruzada de Londres, 1954
"Choice," 1957   "Don't Be Like Samson," 1957
"Battle of the Giants," 1968   "John the Baptist"
Saludo a las empresas del automóvil, 1979   "Filthy Rich," 1982
"Joseph," 1997   Oración de invocación en las Olimpiadas Especiales, 1999

Reservados todos los derechos. Ninguna porción ni parte de esta obra se puede reproducir, ni guardar en un sistema de almacenamiento de información, ni transmitir en ninguna forma por ningún medio (electrónico, mecánico, de fotocopias, grabación, etc.) sin el permiso previo de los editores.

La selección del texto bíblico se realizó de las siguientes versiones:
NVI: Las citas bíblicas seguidas de (NVI®) son tomadas de la Santa Biblia, Nueva Versión Internacional®. NVI®
Propiedad literaria © 1999 por Bíblica, Inc.™
Usado con permiso. Reservados todos los derechos mundialmente.
NBD: Las citas bíblicas seguidas de (NBD) son tomadas la Santa Biblia, Nueva Biblia al Día (The New Living Bible, Spanish) Copyright © 2006, 2008 por Bíblica, Inc.®
Usado con permiso. Reservados todos los derechos mundialmente.
RV-60: El texto bíblico señalado con RV-60 ha sido tomado de la versión Reina Valera © 1960 Sociedades Bíblicas en América Latina; © renovado 1988 Sociedades Bíblicas Unidas. Utilizado con permiso.
Reina-Valera 1960® es una marca registrada de la American Bible Society, y puede ser usada solamente bajo licencia.
RVC: El texto bíblico señalado con RVC ha sido tomado de la Versión Reina Valera Contemporánea™ © Sociedades Bíblicas Unidas, 2009, 2011. Antigua versión de Casiodoro de Reina (1569), revisada por Cipriano de Valera (1602). Otras revisiones: 1862, 1909, 1960 y 1995. Utilizada con permiso.
DHH: *Dios Habla Hoy*®, tercera edición. © Sociedades Bíblicas Unidas 1966, 1970, 1979, 1983, 1994. Dios habla hoy® es una marca registrada de Sociedades Bíblicas Unidas y puede ser usada solo bajo licencia.
LBLA: Las citas bíblicas señaladas con (LBLA) son tomadas de *La Biblia de las Américas*®. Copyright © 1986, 1995, 1997 por The Lockman Foundation. Usadas con permiso. www.lbla.org.
NBLH: *Nueva Biblia Latinoamericana de Hoy*. Copyright © 2005 por The Lockman Foundation. Usadas con permiso. www.nblh.org.
NTV: La *Santa Biblia*, Nueva Traducción Viviente, © Tyndale House Foundation 2008, 2009, 2010. Usado con permiso de Tyndale House Publishers, Inc., 351 Executive Dr., Carol Stream, IL 60188, Estados Unidos de América. Todos los derechos reservados.
PDT: La Santa Biblia *La Palabra de Dios para Todos*. © 2005, 2008, 2012 por el *Centro Mundial de Traducción de la Biblia*.
Las historias bíblicas son una combinación del texto parafraseado de la Biblia, que aparece en cursiva, y el verdadero texto de la Biblia que se extrajo a fin de que sea legible y accesible para los lectores jóvenes. (La relación de las versiones bíblicas usadas en español aparece al final de este libro).

Producto: 493816 • ISBN: 0-7899-2289-4 / 978-0-7899-2289-2

Categoría: *Niños / Historias bíblicas* • Category: *Children / Bible Storybook*
Impreso en China • *Printed in China*

Jesús los llamó y les dijo: «Dejen que los niños se acerquen a mí. No se lo impidan, porque el reino de los cielos es de los que son como ellos».

Lucas 18:16, RVC

El Antiguo Testamento

Dios lo creó... ¡todo!
    El día y la noche, la tierra y los mares   14
    El sol y la luna, las aves y las bestias   16

Adán y Eva   18

El primer pecado   20

Noé y el arcoíris de la promesa de Dios   22

La torre de Babel   31

Padre Abraham
    Las instrucciones y las promesas de Dios   32
    Como Dios lo prometió   34

Le roban la bendición a Esaú   36

La escalera de Jacob   38

José: Siervo, líder y héroe
    De hijo favorito a esclavo extranjero   40
    Los sueños del faraón   42
    José perdona   44

La tarea de Dios para Moisés
    El bebé Moisés   47
    La zarza ardiente   50
    La petición para salir de Egipto   52
        El cruce del mar Rojo... ¡por tierra firme!   54
    Los Diez Mandamientos   57

Los espías y Rajab de Jericó
    La ayuda de Rajab   59
    La caída de la muralla de Jericó   60

Dios guía por medio de Débora   62

La gran victoria de Gedeón   65

Sansón el fuerte   68

Rut, la nuera fiel
    Se queda con Noemí   70
    Booz, Rut y el bebé Obed   73

El deseo del corazón de Ana   74

El «¡Aquí estoy, Señor!» de Samuel   77

El valiente y amoroso David
    David y el gigante   79
    La amistad de David y Jonatán   82
    David y los Salmos   84

El sabio rey Salomón   86

Elías y el fuego de Dios   89

Jonás y la ballena   92

Isaías habla de un Salvador   94

Josías, el niño rey   96

Daniel en el foso de los leones   98

La tarea especial de Ester   102

El Nuevo Testamento

Noticias sorprendentes para Zacarías	109
El mensaje del ángel para María	110
¡Nace el bebé Jesús!	113
Una sorpresa para algunos pastores	114
La visita de los sabios	116
El Niño Jesús en el templo	118
El bautismo de Jesús	120
El llamado a sus discípulos	122
El Sermón del Monte	125
Zaqueo: Un hombre pequeño	128
¡No te preocupes!	130
Jesús sana al siervo de un centurión	133
La alimentación de los cinco mil	135
Cuando se camina sobre las aguas	136
La historia de Jesús del hijo pródigo	139
Una bendición para los niños	142

Las monedas de la viuda	144
La entrada a Jerusalén	146
La Última Cena	148
La oración en el huerto	150
El arresto de Jesús	152
Ante Pilato	154
La muerte de Jesús	156
¡Jesús está vivo!	158
Jesús regresa al cielo	161
El don del Espíritu Santo	165
Pedro y Juan realizan un milagro	167
La fe de Esteban	170
La conversación de Felipe con el viajero	172
Saulo se convierte en creyente	174
La tarea del ángel para Pedro	176
La piadosa y amable Lidia	178
Pablo y Silas en prisión	181
¡Naufragio!	182
Las cartas de Pablo desde la prisión	185
El mensaje de Juan a las iglesias	188
Algún día... ¡el cielo!	190
Una oración de Billy Graham	192

Querido lector:

Cuando era niño, mi idea del océano era tan pequeña que, la primera vez que vi el Atlántico, ¡no podía comprender que cualquier pequeño lago podría ser tan grande! La inmensidad del océano no puede entenderse hasta que se vea.

Lo mismo sucede con el amor de Dios. Excede a todo conocimiento. Nadie puede describirte sus maravillas hasta que lo experimentas de veras.

En tus manos tienes historias, increíbles historias, de la Biblia, la Palabra de Dios. Estas no son historias que inventó alguien; ¡ocurrieron en realidad! Hablan de personas reales y hechos reales. Los testigos de lo sucedido las escribieron para que personas como tú y yo pudiéramos saberlo todo. Está claro: Dios quiere que tú conozcas esas historias. ¿Por qué?

Estas historias te ayudarán a entender las Buenas Nuevas de Dios, las nuevas de que Dios tiene un plan para tu vida, que Dios te ama y que Él es un Dios de misericordia. Él te perdonará, te guiará y te bendecirá si confiesas y te arrepientes de tus pecados, y confías en Jesucristo como tu Salvador y tu Señor personal. Estas historias te señalarán el hecho más importante de la historia: la vida, muerte y resurrección de Jesucristo. «Porque de tal manera amó Dios al mundo, que dio a su Hijo unigénito, para que todo aquel que cree en Él, no se pierda, mas tenga vida eterna» (Juan 3:16, LBLA). ¡Esta es la mayor de las noticias del universo!

También te mostrarán la maravillosa vida a la manera de Dios, amándolo a Él y amando a otros. Dios quiere mostrarte quién es Él y ayudarte a ser como Él. ¡Y esto puede lograrse porque Dios no quiere que

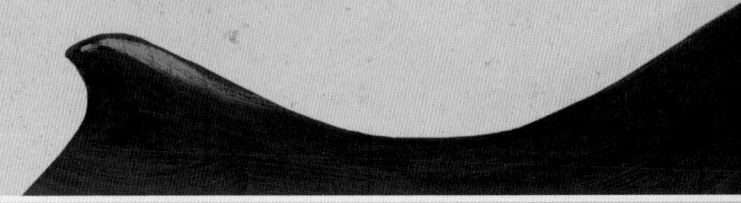

lo hagas solo! Él quiere estar contigo en cada paso del camino, guiándote y ayudándote, porque Él te ama y quiere lo mejor para ti.

Mi oración por ti mientras lees este libro es que Dios lo use para ayudarte a iniciar un nuevo viaje con Él... el viaje más grandioso y emocionante que podrías experimentar jamás. Como veremos en los personajes de estas historias, el viaje no siempre es fácil. Sin embargo, aun en medio de problemas y dificultades, puedes tener fortaleza y alegría cuando Dios está contigo. Sobre todo, es un viaje de esperanza, porque nos lleva al cielo.

Sin importar qué tan joven seas, te invito a que explores este viaje por ti mismo. Que Dios te bendiga mientras lees este libro y te enseña a través de sus páginas cómo tú, junto con muchos creyentes antes de ti, puedes vivir las Buenas Nuevas de Dios, siguiéndolo cada día, recibiendo su amor y dándoselo a los demás.

Billy Graham

Dios lo creó... ¡Todo!

El día y la noche, la tierra y los mares

Pasajes bíblicos seleccionados de Génesis 1 (NVI®)

Dios, en el principio, creó los cielos y la tierra. Y dijo Dios: «¡Que exista la luz!». Y la luz llegó a existir. A la luz la llamó «día», y a las tinieblas, «noche». Y vino la noche, y llegó la mañana: ése fue el primer día.

Dios hizo el firmamento y separó las aguas que están abajo, de las aguas que están arriba. Al firmamento Dios lo llamó «cielo». Y vino la noche, y llegó la mañana: ése fue el segundo día.

Y dijo Dios: «¡Que las aguas debajo del cielo se reúnan en un solo lugar, y que aparezca lo seco!». Y así sucedió. A lo seco Dios lo llamó «tierra», y al conjunto de aguas lo llamó «mar». Y Dios consideró que esto era bueno.

Y dijo Dios: «¡Que haya vegetación sobre la tierra; que ésta produzca hierbas que den semilla, y árboles que den su fruto con semilla, todos según su especie!». Y así sucedió. Y vino la noche, y llegó la mañana: ése fue el tercer día.

El sol y la luna, las aves y las bestias

Y dijo Dios: «¡Que haya luces en el firmamento que separen el día de la noche; que sirvan como señales de las estaciones, de los días y de los años y que brillen en el firmamento para iluminar la tierra!». Dios hizo los dos grandes astros: el astro mayor para gobernar el día, y el menor para gobernar la noche. También hizo las estrellas. Y vino la noche, y llegó la mañana: ése fue el cuarto día.

Y dijo Dios: «¡Que rebosen de seres vivientes las aguas, y que vuelen las aves sobre la tierra a lo largo del firmamento!». Y creó Dios los grandes animales marinos, y todos los seres vivientes que se mueven y todas las aves. Y Dios consideró que esto era bueno, y los bendijo con estas palabras: «Sean fructíferos y multiplíquense; llenen las aguas de los mares. ¡Que las aves se multipliquen sobre la tierra!». Y vino la noche, y llegó la mañana: ése fue el quinto día.

Y dijo Dios: «¡Que produzca la tierra seres vivientes: animales domésticos, animales salvajes, y reptiles, según su especie!». Y sucedió así. Y Dios consideró que esto era bueno.

De Billy Graham

Mira de nuevo la primera oración en la Biblia: «Dios, en el principio, creó los cielos y la tierra». ¿Puedes imaginar siquiera el poder que llevó crear los miles de millones de estrellas que todavía descubrimos con telescopios? Incluso, ¿puedes comenzar a entender la sabiduría que hizo falta para organizar toda la creación, desde la partícula más pequeña hasta las galaxias espirales del espacio exterior?

Con Dios nada es imposible. No hay tarea demasiado dura, ni problema demasiado difícil para el Creador del universo. No subestimes jamás el poder de Dios.

Adán y Eva

Pasajes bíblicos seleccionados de Génesis 1–2

[Dios] dijo: «Hagamos al ser humano a nuestra imagen y semejanza. Que tenga dominio sobre los peces del mar, y sobre las aves del cielo; sobre los animales domésticos, sobre los animales salvajes, y sobre todos los reptiles que se arrastran por el suelo». «Hagamos al ser humano a nuestra imagen y semejanza. Que tenga dominio sobre los peces del mar, y sobre las aves del cielo; sobre los animales domésticos, sobre los animales salvajes, y sobre todos los reptiles que se arrastran por el suelo». Y Dios creó al ser humano a su imagen; lo creó a imagen de Dios. Hombre y mujer los creó, y los bendijo con estas palabras: «Sean fructíferos y multiplíquense; llenen la tierra y sométanla; dominen a los peces del mar y a las aves del cielo, y a todos los reptiles que se arrastran por el suelo».

Dios miró todo lo que había hecho, y consideró que era muy bueno. Y vino la noche, y llegó la mañana: ése fue el sexto día.

Al llegar el séptimo día, Dios descansó porque había terminado la obra que había emprendido. Dios bendijo el séptimo día, y lo santificó, porque en ese día descansó de toda su obra creadora.

De Billy Graham

¿Sabes por qué Dios te hizo? Ese es el mayor descubrimiento que harás jamás: te crearon para conocer a Dios y ser su amigo para siempre.

No nos crearon para nosotros mismos; nos crearon para Dios. No estamos aquí por accidente; estamos aquí porque nos puso Dios aquí, y Él nos puso aquí para que pudiéramos conocerlo y amarlo. ¡Dios quiere que seas su amigo!

El primer pecado

Pasajes bíblicos seleccionados de Génesis 2–3 (NVI®)

Dios el Señor tomó al hombre y lo puso en el jardín del Edén para que lo cultivara y lo cuidara, y le dio este mandato: «Puedes comer de todos los árboles del jardín, pero del árbol del conocimiento del bien y del mal no deberás comer».

Cuando Eva vino al jardín, la serpiente le dijo que no debían creer lo que dijo Dios. Entonces, Eva desobedeció a Dios al comer del fruto; luego, Adán hizo lo mismo… y sus vidas cambiaron para siempre. Avergonzados, se escondieron de Dios. Pero Él fue a hablar con ellos.

—¿Acaso has comido del fruto del árbol que yo te prohibí comer?

—La mujer que me diste por compañera me dio de ese fruto, y yo lo comí.

Entonces Dios el Señor le preguntó a la mujer:

—¿Qué es lo que has hecho?

—La serpiente me engañó, y comí —contestó ella.

Dios les hizo ropas y los sacó del Edén.

DE BILLY GRAHAM

Adán y Eva no eran robots. Eran libres de elegir amar a Dios, pero también eran libres de elegir no amarlo. Si no hubieran sido libres, su «amor» por Dios no hubiera sido amor en lo absoluto, porque solo amamos de verdad a alguien cuando decidimos amarlo de buen grado. Desde su primer momento en la tierra, Adán y Eva eligieron amar a Dios.

Pero entonces algo tuvo resultados terribles. Adán y Eva se rebelaron contra Dios. Hicieron lo que querían, no lo que Dios quería que hicieran.

Lo que sucedió en el Edén nos sucede a nosotros cada día. Todos somos culpables de pecado porque escogemos nuestro propio camino en lugar del camino de Dios. Entonces, cuando admitimos esto ante Dios y confesamos nuestros pecados, damos el primer paso hacia elegir su camino, que es el mejor.

Noé y el arcoíris de la promesa de Dios

Pasajes bíblicos seleccionados de Génesis 6–9 (NVI®)

Toda la gente en la tierra se había olvidado de Dios y se había vuelto mala. Sin embargo, un hombre aún seguía a Dios. Su nombre era Noé. Dios le dijo a Noé que construyera un arca, y le dio a Noé unos planos específicos para construirla. Dios le dijo a Noé que vendrían un gran diluvio y una gran promesa.

[Dios] le dijo a Noé: «Pero contigo estableceré mi pacto, y entrarán en el arca tú y tus hijos, tu esposa y tus nueras. Haz que entre en el arca una pareja de todos los seres vivientes, es decir, un macho y una hembra de cada especie, para que sobrevivan contigo. Contigo entrará también una pareja de cada especie de aves, de ganado y de reptiles. Recoge además toda clase de alimento, y almacénalo, para que a ti y a ellos les sirva de comida».

Y Noé hizo todo según lo que Dios le había mandado.

El Señor le dijo a Noé: «Entra en el arca con toda tu familia, porque tú eres el único hombre justo que he encontrado. Porque dentro de siete días haré que llueva sobre la tierra durante cuarenta días y cuarenta noches, y así borraré de la faz de la tierra a todo ser viviente que hice».

Al cabo de los siete días, las aguas del diluvio comenzaron a caer sobre la tierra.

Se reventaron las fuentes del mar profundo y se abrieron las compuertas del cielo. Entraron en el arca Noé, sus hijos Sem, Cam y Jafet, su esposa y sus tres nueras. Junto con ellos entró toda clase de animales salvajes y de aves. Así entraron en el arca con Noé parejas de todos los seres vivientes; entraron un macho y una hembra de cada especie, tal como Dios se lo había mandado a Noé. Luego el Señor cerró la puerta del arca.

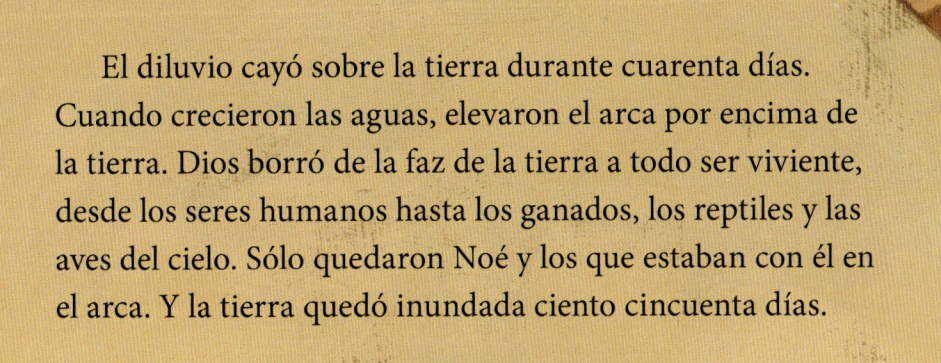

El diluvio cayó sobre la tierra durante cuarenta días. Cuando crecieron las aguas, elevaron el arca por encima de la tierra. Dios borró de la faz de la tierra a todo ser viviente, desde los seres humanos hasta los ganados, los reptiles y las aves del cielo. Sólo quedaron Noé y los que estaban con él en el arca. Y la tierra quedó inundada ciento cincuenta días.

De Billy Graham

¿Puedes imaginar lo que pensaba la gente cuando Noé comenzó a cortar árboles y a construir una enorme arca sobre tierra seca, lejos de cualquier mar? Noé no sabía nada sobre la navegación en alta mar, y de seguro que no sabía cómo construir un barco, incluso con las instrucciones detalladas de Dios. Aun así, Noé le creyó a Dios cuando le dijo que llovería y que la tierra se inundaría, y cumplió con fidelidad el mandato de Dios.

La construcción de un enorme barco en tierra firme no tenía sentido para la comprensión humana de Noé. Pero cuando obedeció a Dios, Noé demostró que confiaba en Dios, y Dios se alegró. Debido a la fe y la obediencia de Noé, Dios llamó a Noé justo y salvó a Noé, su familia y los animales.

¡Seamos fieles como lo fue Noé en las cosas que Dios nos llama a hacer!

Dios se acordó entonces de Noé. Hizo que soplara un fuerte viento sobre la tierra, y las aguas comenzaron a bajar. Se cerraron las fuentes del mar profundo y las compuertas del cielo, y dejó de llover.

Después de cuarenta días, Noé abrió la ventana del arca. Soltó una paloma, para ver si las aguas que cubrían la tierra ya se habían retirado. Pero la paloma no encontró un lugar donde posarse, y volvió al arca. Esperó siete días más y volvió a soltar la paloma fuera del arca. Caía la noche cuando la paloma regresó, trayendo en su pico una ramita de olivo recién cortada. Así Noé se dio cuenta de que las aguas habían bajado.

Dios les habló otra vez a Noé y a sus hijos, y les dijo: «Yo establezco mi pacto con ustedes, con sus descendientes: Nunca más serán exterminados los seres humanos por un diluvio; nunca más habrá un diluvio que destruya la tierra. He colocado mi arco iris en las nubes, el cual servirá como señal de mi pacto con la tierra».

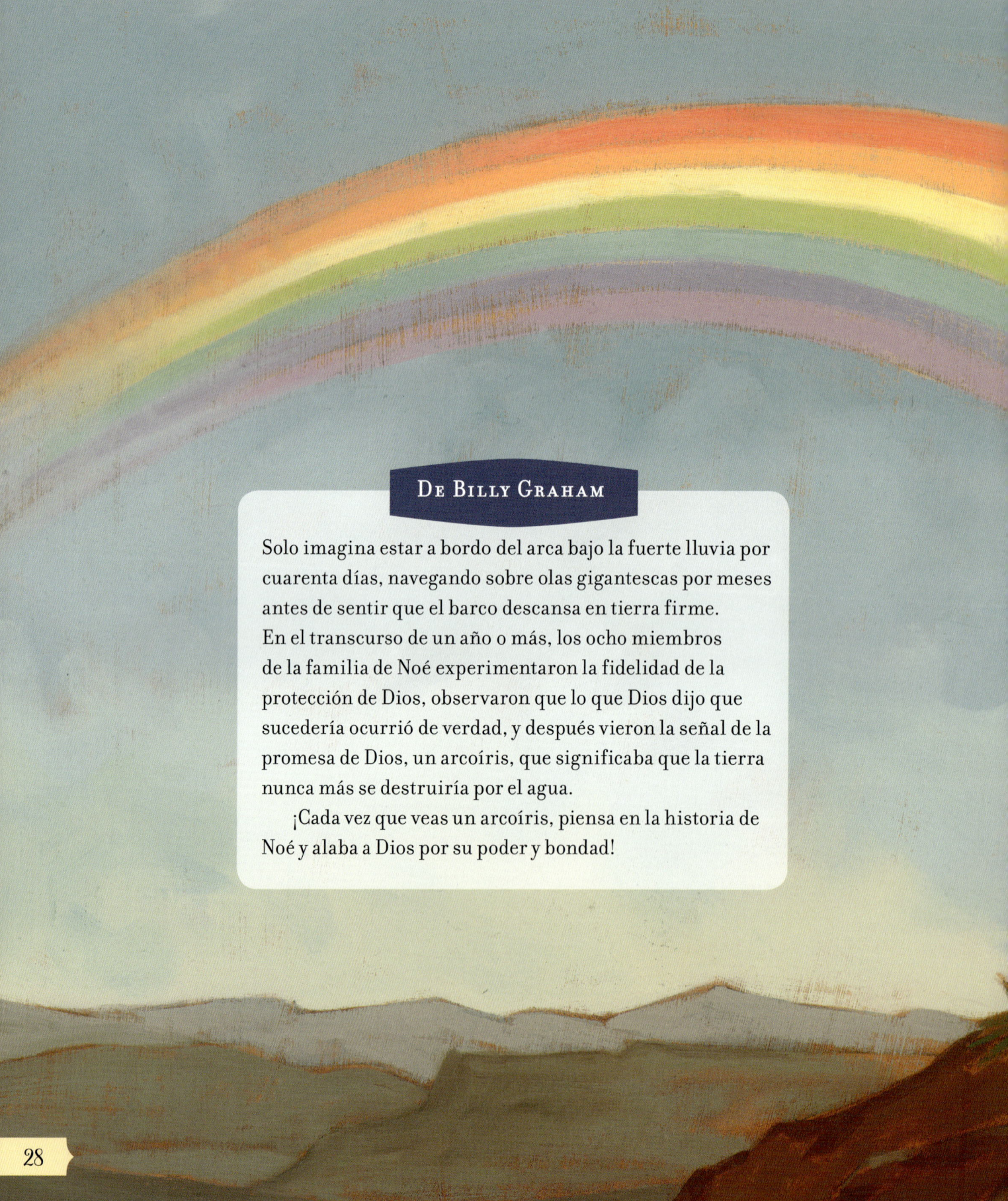

De Billy Graham

Solo imagina estar a bordo del arca bajo la fuerte lluvia por cuarenta días, navegando sobre olas gigantescas por meses antes de sentir que el barco descansa en tierra firme. En el transcurso de un año o más, los ocho miembros de la familia de Noé experimentaron la fidelidad de la protección de Dios, observaron que lo que Dios dijo que sucedería ocurrió de verdad, y después vieron la señal de la promesa de Dios, un arcoíris, que significaba que la tierra nunca más se destruiría por el agua.

¡Cada vez que veas un arcoíris, piensa en la historia de Noé y alaba a Dios por su poder y bondad!

La torre de Babel

Pasajes bíblicos seleccionados de Génesis 11 (NVI®)

En ese entonces se hablaba un solo idioma en toda la tierra. [La gente dijo:] «Construyamos una ciudad con una torre que llegue hasta el cielo. De ese modo nos haremos famosos y evitaremos ser dispersados por toda la tierra».

Pero el Señor bajó para observar la ciudad y la torre que los hombres estaban construyendo. Y se dijo: «Será mejor que bajemos a confundir su idioma, para que ya no se entiendan entre ellos mismos». De esta manera el Señor los dispersó desde allí por toda la tierra, y por lo tanto dejaron de construir la ciudad. Por eso a la ciudad se le llamó Babel, porque fue allí donde el Señor confundió el idioma de toda la gente de la tierra, y de donde los dispersó por todo el mundo.

De Billy Graham

La gente de Babel pensó que no necesitaban a Dios. Estaban más preocupados con hacerse grandes que con adorar a Dios por ser de verdad grande.

La Biblia advierte: «Delante de la destrucción va el orgullo, y delante de la caída, la altivez de espíritu» (Proverbios 16:18, LBLA). ¿Por qué el orgullo es un problema tan grande? Por una cosa: no impide ver nuestras faltas. El orgullo nos dice que somos mejores de lo que somos en realidad, por lo que no sentimos ninguna necesidad de confesar nuestros pecados ni de cambiar nuestras costumbres.

El orgullo también daña nuestras relaciones. Podemos sentir orgullo por muchas razones: nuestras posesiones, nuestra apariencia física, nuestras habilidades, nuestros logros, etc. Cualquiera que sea la razón, sin embargo, el orgullo siempre nos pone por encima de los demás. A nadie le gusta una persona arrogante ni orgullosa. Lo más importante, el orgullo nos hace comenzar a pensar que no necesitamos a Dios. Una vez que entendemos cuán grande es Dios, seremos más humildes. Es difícil ser orgulloso cuando nos comparamos con Dios en lugar de con otras personas.

Padre Abraham

Las instrucciones y las promesas de Dios

Pasajes bíblicos seleccionados de Génesis 12, 15, 17–18, 21 (LBLA)

Y el Señor dijo a Abram:

> Vete de tu tierra,
> a la tierra que yo te mostraré.
> Haré de ti una nación grande,
> y te bendeciré.
> Y en ti serán benditas todas las familias de la tierra.

Entonces Abram se fue. Y tomó Abram a Sarai su mujer, y a Lot su sobrino, y todas las posesiones, y salieron para ir a la tierra de Canaán.

La palabra del Señor vino a Abram en visión, diciendo: «No temas, Abram, yo soy un escudo para ti; tu recompensa será muy grande».

Y Abram dijo: «Oh Señor Dios, ¿qué me darás, puesto que yo estoy sin hijos?».

La palabra del Señor vino a él, diciendo: «Tu heredero no será éste, sino uno que saldrá de tus entrañas, él será tu heredero. Ahora mira al cielo y cuenta las estrellas, si te es posible contarlas. Así será tu descendencia».

Cuando Abram tenía noventa y nueve años, el Señor se le apareció, y le dijo: «Yo soy el Dios Todopoderoso; mi pacto es contigo, y serás padre de multitud de naciones. Y no serás llamado más Abram; sino que tu nombre será Abraham. Te haré fecundo en gran manera, y de ti haré naciones, y de ti saldrán reyes. Y estableceré mi pacto contigo y con tu descendencia después de ti, por todas sus generaciones, por pacto eterno, de ser Dios tuyo y de toda tu descendencia después de ti.

»A Sarai, tu mujer, no la llamarás Sarai, sino que Sara será su nombre. Y la bendeciré, y de cierto te daré un hijo por medio de ella. La bendeciré y será madre de naciones».

Como Dios lo prometió

Y el Señor se le apareció [a Abraham], mientras él estaba sentado a la puerta de la tienda en el calor del día.

Y [Él] dijo: «Ciertamente volveré a ti por este tiempo el año próximo; y he aquí, Sara tu mujer tendrá un hijo».

Sara estaba escuchando a la puerta de la tienda que estaba detrás de él. Abraham y Sara eran ancianos, entrados en años; y a Sara le había cesado ya la costumbre de las mujeres. Y Sara se rió para sus adentros.

Y el Señor dijo a Abraham: «¿Por qué se rió Sara? ¿Hay algo demasiado difícil para el Señor? Sara tendrá un hijo».

E hizo el Señor por Sara como había prometido. Y Sara concibió y dio a luz un hijo a Abraham. Y Abraham le puso el nombre de Isaac al hijo que le nació. Abraham tenía cien años cuando le nació su hijo Isaac.

De Billy Graham

¿Puedes culpar a Abraham y Sara por dudar de la promesa de Dios? Sara no había tenido hijos en toda su vida de casados, y ahora se acercaba a los noventa años. ¿Podría ser algo más imposible que eso? A los noventa años, las mujeres no tienen hijos.

Sin embargo, Dios les recordó con amabilidad que nada es demasiado difícil para Él. Y al año siguiente sucedió lo imposible: nació Isaac. La promesa de Dios a Abraham que sería el padre de una gran nación (y el antepasado de Jesucristo) podía cumplirse ahora.

Recuerda a Abraham y Sara la próxima vez que tengas un problema que parezca imposible. Nada fue demasiado difícil entonces para Dios, y tampoco nada es demasiado difícil para Él hoy.

35

Le roban la bendición a Esaú

Pasajes bíblicos seleccionados de Génesis 25 y 27 (LBLA)

Isaac creció y se casó con Rebeca, y tuvieron gemelos: Esaú era el favorito de Isaac, y Jacob era el favorito de Rebeca. Cuando Isaac muriera, la bendición y casi todas sus cosas serían para el hijo mayor, Esaú. Jacob estaba celoso y quería robar lo que era de Esaú por derecho.

Siendo ya viejo Isaac, y sus ojos demasiado débiles para ver, llamó a Esaú y le dijo: «Tráeme caza; y prepárame un buen guisado, y que mi alma te bendiga».

Rebeca escuchó esto. Preparó una comida sabrosa e hizo vestir con unas pieles de cabra a Jacob, para que Isaac pensara que Jacob era su hermano Esaú, que era muy velludo.

[Jacob] fue a su padre, y dijo: «Soy Esaú. Siéntate y come de mi caza para que me bendigas».

Isaac dijo: «Te ruego que te acerques para palparte, a ver si en verdad eres mi hijo Esaú». Jacob se acercó a Isaac su padre, y no lo reconoció porque sus manos eran velludas como las de su hermano Esaú, [e Isaac] bendijo [a Jacob].

Tan pronto como Isaac había terminado de bendecir a Jacob, Esaú llegó. También él hizo un buen guisado y lo trajo a su padre, y dijo: «Levántese mi padre, y coma de la caza de su hijo, para que tú me bendigas».

Tembló Isaac con estremecimiento muy grande, y dijo: «Tu hermano vino con engaño, y se ha llevado tu bendición».

Esaú [le] guardó rencor a Jacob.

De Billy Graham

Estuvo mal que Rebeca y Jacob no fueran sinceros y engañaran a Isaac. Dios ordenó: «No engañen a su prójimo» (Levítico 19:11). La *sinceridad* significa justo lo que dice. La gente debería ser capaz de confiar en nuestra palabra porque decimos la verdad (aunque nos meta en problemas). También debe saber que no vamos a usar medias verdades ni engaños para sacar provecho. El pueblo de Dios es sincero y digno de confianza.

La escalera de Jacob

Pasajes bíblicos seleccionados de Génesis 28 (LBLA)

Esaú estaba tan enojado con Jacob que quería matarlo. Así que Jacob se marchó, y una noche durante sus viajes estaba durmiendo al aire libre.

Tuvo un sueño, y he aquí, había una escalera apoyada en la tierra cuyo extremo superior alcanzaba hasta el cielo; y he aquí, los ángeles de Dios subían y bajaban por ella.

El Señor estaba sobre ella, y dijo: «Yo soy el Señor, el Dios de tu padre Abraham y el Dios de Isaac. La tierra en la que estás acostado te la daré a ti y a tu descendencia. También tu descendencia será como el polvo de la tierra, y te extenderás hacia el occidente y hacia el oriente, hacia el norte y hacia el sur; y en ti y en tu simiente serán bendecidas todas las familias de la tierra. He aquí, yo estoy contigo, y te guardaré por dondequiera que vayas y te haré volver a esta tierra; porque no te dejaré hasta que haya hecho lo que te he prometido».

Despertó Jacob de su sueño y dijo: «¡Cuán imponente es este lugar! Esto no es más que la casa de Dios, y esta es la puerta del cielo».

Hizo Jacob un voto, diciendo: «Si Dios está conmigo y [me ayuda], y vuelvo sano y salvo a casa de mi padre, entonces el Señor será mi Dios».

De Billy Graham

Así como Dios prometió estar con Jacob, Él promete estar contigo en cada situación. Él dijo: «Nunca te dejaré; jamás te abandonaré» (Hebreos 13:5). Dios no miente ni cambia de opinión. ¿Qué pasaría si lo hiciera? Entonces, no tendríamos ninguna razón para depender de Él; no se podría confiar en su Palabra. En cambio, Él no miente, ni cambia de opinión, porque es perfecto y santo, y nos ama. ¡Podemos confiar en sus promesas!

José: Siervo, líder y héroe
De hijo favorito a esclavo extranjero

Pasajes bíblicos seleccionados de Génesis 37 y 39 (RVC)

[Jacob] amaba a José más que a todos sus hijos, por eso le hizo una túnica de diversos colores. Al ver sus hermanos que su padre lo amaba más que a todos ellos, lo odiaban.

Los hermanos planearon matar a José.

Cuando José llegó a donde estaban sus hermanos, ellos le quitaron la túnica de colores que llevaba puesta.

Judá les dijo a sus hermanos:

«¿Qué ganamos con matar a nuestro hermano? Vamos a vendérselo a los ismaelitas».

Sus hermanos estuvieron de acuerdo y lo vendieron a los ismaelitas por veinte monedas de plata. Y ellos se llevaron a José a Egipto.

Los hermanos le enviaron a su padre la túnica de José cubierta con la sangre de un cabrito.

Cuando Jacob la reconoció, dijo: «¡Es la túnica de mi hijo! ¡Alguna mala bestia se lo comió!». Entonces durante muchos días guardó luto por su hijo.

Los ismaelitas llevaron a José a Egipto, y allá se lo compró a ellos un egipcio llamado Potifar, que era oficial del faraón. El Señor estaba con José, y éste prosperó. Su amo se dio cuenta de que el Señor estaba con él y lo hacía prosperar en todo. De modo que José se ganó [la] buena voluntad [de Potifar] y lo nombró mayordomo de su casa. El Señor bendijo su casa por causa de José.

De Billy Graham

Después que sus hermanos lo vendieron como esclavo, José podría haberse enojado con Dios. Sin embargo, en lugar de eso, José se volvió a Él.

Dios no respondió apartando a José de su difícil situación, sino ayudándolo justo donde estaba. Cuando José se volvió a Dios, Él bendijo el trabajo de José y les trajo buenas cosas a José y a los que le rodeaban. Aquí podemos ver una maravillosa verdad de la Biblia: cuando nos acercamos a Dios en fe, Él viene a nosotros donde estamos.

Cuando le hicieron daño, José no dejaba de confiar en el Señor y lo seguía. Dios escuchó el llamado de José en busca de ayuda, así como te escuchará a ti si tienes fe en Él.

Los sueños del faraón

Pasajes bíblicos seleccionados de Génesis 39, 41–42 (RVC)

Entonces, la esposa de Potifar acusó a José de algo que él no había hecho. Y aunque José era inocente, Potifar lo echó en prisión.

Pero el Señor estaba con él y le extendió su misericordia, y le permitió ganarse la buena voluntad del jefe de la cárcel.

El faraón tuvo un sueño, mandó entonces llamar a José: «He tenido un sueño, y no hay quien lo interprete».

José le respondió al faraón: «No depende de mí. Pero Dios dará al faraón una respuesta. Dios ha mostrado a Su Majestad lo que él está por hacer. Vienen ya siete años de gran abundancia en toda la tierra de Egipto. Pero a estos les seguirán siete años de hambre. Toda la abundancia será olvidada en la tierra de Egipto, porque el hambre acabará con la tierra».

A José le dijo: «Puesto que Dios te ha hecho saber todo esto, tú estarás al frente de mi casa, y todo mi pueblo se someterá a lo que digas».

En aquellos siete años de abundancia la tierra produjo en grandes cantidades. Y José recogió todo el alimento de los siete años, y almacenó alimento en las ciudades.

Comenzaron a llegar los siete años de hambre, como José lo había dicho. Y hubo hambre en todos los países, pero en Egipto había pan. Y de todas partes venían a

Egipto para comprar trigo de José.
   Los diez hermanos de José se dirigieron a Egipto para comprar trigo y se inclinaron ante él. José reconoció a sus hermanos, pero ellos no lo reconocieron.

JOSÉ PERDONA

Pasajes bíblicos seleccionados de Génesis 43, 45 y 50 (RVC)

El hermano menor de José, Benjamín, no estaba entre los hermanos que fueron a Egipto. Deseando ver a Benjamín, José les dijo a sus hermanos que podían tener alimentos si un hermano se quedaba en Egipto mientras los otros hermanos llevaban alimentos al regresar de Egipto y luego volvían con Benjamín. A su padre, Jacob, no le gustó ese plan.

El hambre dominaba en la tierra. Al consumirse todo el trigo que habían llevado de Egipto, su padre les dijo: «Regresen a Egipto, y compren algo de alimento para nosotros. Tomen también a su hermano. Que el Dios Omnipotente haga que ese hombre se compadezca de ustedes y les devuelva a su otro hermano, y también a Benjamín».

Los hermanos se dispusieron a partir hacia Egipto [y] se presentaron ante José.

José ya no podía contenerse: «Yo soy José, su hermano, el que ustedes vendieron a Egipto. Pero no se pongan tristes, ni lamenten el haberme vendido. Dios me envió delante de ustedes, para preservarles la vida.

»Ustedes pensaron hacerme mal, pero Dios cambió todo para bien, para hacer lo que hoy vemos, que es darle vida a mucha gente».

De Billy Graham

Dios nos dice que perdonemos a quienes nos han hecho daño, aun si pensamos que no lo merecen. Él nos pide que seamos pacientes los unos con los otros y que perdonemos a los demás como Él nos perdona a nosotros (Colosenses 3:13). Este mandamiento es difícil de obedecer, pero si no lo hacemos, seguiremos estando enojados e infelices. Con la ayuda de Dios, podemos ser como José y enfrentar este tipo de problema de una manera que lo honre a Él.

Primero, debemos ser sinceros en cuanto a cualquier cosa que hicimos mal y pedirle perdón a Dios. Luego, necesitamos pedirle a la persona que también nos perdone, aun si quizá nos diga que no.

A continuación, tenemos que pedirle a Dios que nos ayude a perdonar a quien nos hizo daño. Creo que la única manera de hacer esto es dándonos cuenta de que Dios nos ha perdonado por cada cosa mala que hemos hecho. No merecemos su perdón, pero Él nos lo ofrece de buen grado. Pídele que cambie el dolor y el enojo en tu corazón con su amor, y Él lo hará.

La tarea de Dios para Moisés

El bebé Moisés

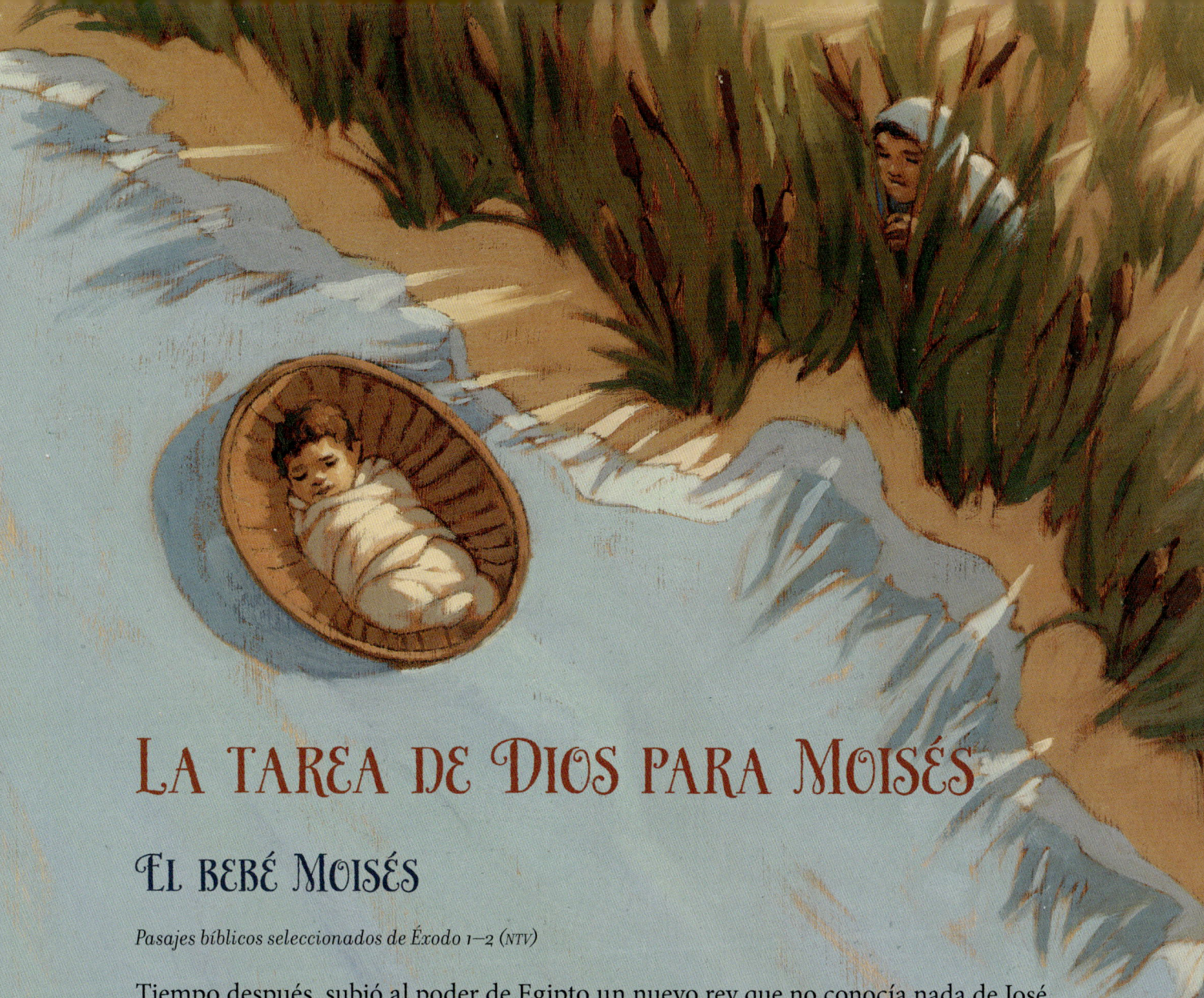

Pasajes bíblicos seleccionados de Éxodo 1–2 (NTV)

Tiempo después, subió al poder de Egipto un nuevo rey que no conocía nada de José ni de sus hechos. El rey le dijo a su pueblo: «Miren, el pueblo de Israel ahora es más numeroso y más fuerte que nosotros. Tenemos que idear un plan para evitar que los israelitas sigan multiplicándose». Por lo tanto, los egipcios les pusieron capataces despiadados a fin de subyugarlos por medio de trabajos forzados.

Después, el faraón ordenó que asesinaran a cada varón recién nacido en los hogares israelitas. En ese entonces, nació Moisés, pero su madre lo protegió haciéndole una canasta flotante.

La mujer lo escondió durante tres meses. Cuando ya no pudo ocultarlo más, tomó una canasta de juncos de papiro y la recubrió con brea y resina. Después puso al niño en la canasta y la acomodó entre los juncos, a la orilla del río. La hermana del bebé se mantuvo a cierta distancia para ver qué le pasaría al niño.

El bebé Moisés flotaba por el río en la canasta, y poco después la hija del faraón vio la canasta.

La princesa mandó a su criada que se la trajera. Al abrir la canasta la princesa vio al bebé. El niño lloraba, y ella sintió lástima por él. «Seguramente es un niño hebreo», dijo.

Entonces la hermana del bebé se acercó a la princesa.

—¿Quiere que vaya a buscar a una mujer hebrea para que le amamante al bebé? —le preguntó.

—¡Sí, consigue a una! —contestó la princesa.

Entonces la muchacha fue y llamó a la madre del bebé.

«Toma a este niño y dale el pecho por mí —le dijo la princesa a la madre del niño—. Te pagaré por tu ayuda». Así que la mujer se fue con el bebé a su casa y lo amamantó. Cuando el niño creció, ella se lo devolvió a la hija del faraón, quien lo adoptó como su propio hijo.

La zarza ardiente

Pasajes bíblicos seleccionados de Éxodo 3 (NTV)

Moisés se encontraba apacentando el rebaño de su suegro. El ángel del Señor se le apareció en un fuego ardiente, en medio de una zarza. Moisés se quedó mirando lleno de asombro porque aunque la zarza estaba envuelta en llamas, no se consumía.

Dios lo llamó desde el medio de la zarza:

—¡Moisés! ¡Moisés!

—Aquí estoy —respondió él.

—No te acerques más —le advirtió el Señor—. Quítate las sandalias, porque estás pisando tierra santa. Yo soy el Dios de tu padre, el Dios de Abraham, el Dios de Isaac y el Dios de Jacob.

Cuando Moisés oyó esto, se cubrió el rostro porque tenía miedo de mirar a Dios.

El Señor le dijo:

—Ciertamente he visto la opresión que sufre mi pueblo en Egipto. He oído sus gritos de angustia a causa de la crueldad de sus capataces. Estoy al tanto de sus sufrimientos. Ahora ve, porque te envío al faraón. Tú vas a sacar de Egipto a mi pueblo Israel.

Pero Moisés protestó:

—¿Quién soy yo para presentarme ante el faraón? ¿Quién soy yo para sacar de Egipto al pueblo de Israel?

Dios contestó:

—Yo estaré contigo.

De Billy Graham

Cuando Dios llamó a Moisés a ser parte de su importante tarea en Egipto, Moisés no creía poder hacer lo que le pedía. Moisés era solo una persona común y corriente, y pensaba que Dios debía usar a alguien más especial y dotado.

Sin embargo, la Biblia está llena de gente común. En realidad, Dios usa a gente común mucho más de lo que Él usa a los ricos, poderosos y famosos. Jesús eligió a sus discípulos entre gente común y corriente.

Quizá notes cómo otras personas son especiales y dotadas, pero también lo eres tú. Eres muy valioso para Dios porque Él te hizo tal y como eres. Dios hace a todo su pueblo capaz de servirlo. Pídele a Dios que te muestre su plan para tu vida. Cuando descubras el plan de Dios para tu vida y haces algo al respecto, comenzarás a verte como te ve Dios: ¡como una persona extraordinaria que Dios ama y que quiere que seas parte de su importante obra!

La petición para salir de Egipto

Pasajes bíblicos seleccionados de Éxodo 5, 7–14 (RVC)

Moisés [le dijo al] faraón: «El Señor, Dios de Israel, dice: "Deja ir a mi pueblo"».

El faraón respondió: «¿Y quién es "el Señor", para que yo le haga caso y deje ir a Israel? Yo no conozco al Señor, ni tampoco dejaré ir a Israel».

Como el faraón era terco y se negó a que el pueblo de Dios se fuera de Egipto, Dios dijo que le mostraría su poder al faraón trayendo plagas a Egipto.

¡Todas las aguas del río se convirtieron en sangre! Murieron los peces que había en el río, y el río mismo se corrompió de tal manera que los egipcios no podían beber de él. Y subieron ranas que cubrieron la tierra de Egipto. El polvo de la tierra se convirtió en piojos, lo mismo en la gente como en los animales. Toda clase de moscas fastidiosas vino sobre la casa del faraón y sobre las casas de sus siervos, y sobre todo Egipto. Y murió todo el ganado de Egipto. Y produjo úlceras tanto en la gente como en los animales. El Señor hizo que cayera granizo. Y en todo Egipto ese granizo hirió todo lo que estaba en el campo. Las langostas se extendieron por todo Egipto. Arrasaron con toda la hierba del campo, y con todos los frutos que el granizo había dejado en los árboles. [Entonces] durante tres días todo Egipto se cubrió de densas tinieblas.

El Señor le dijo a Moisés: «Todavía voy a traer una plaga sobre el faraón y sobre Egipto. Después de eso, él los dejará ir». A la medianoche, el Señor hirió de muerte a todos los primogénitos en la tierra de Egipto, lo mismo al primogénito del faraón que al primogénito del que estaba cautivo en la cárcel y a todas las primeras crías de los animales. En todo Egipto hubo un gran clamor, porque no había una casa donde no hubiera un muerto. [El faraón] dijo: «Apártense de mi pueblo, ustedes y los hijos de Israel, y vayan a servir al Señor, tal y como lo han pedido».

El cruce del mar Rojo... ¡por tierra firme!

Después que el pueblo de Dios dejó Egipto, el rey se arrepintió de su decisión de dejarlos ir y dirigió seiscientos carros para perseguir a Israel. El pueblo estaba muerto de miedo, pero Moisés dijo: «No tengan miedo, que el Señor peleará por ustedes» (Éxodo 14:13-14, RVC).

Moisés extendió su mano sobre el mar, y el Señor hizo que las aguas se dividieran y que el mar se quedara seco.

Así los hijos de Israel entraron en el mar y lo cruzaron en seco, con un muro de agua a su derecha y otro a su izquierda. Los egipcios los siguieron. Toda la caballería del faraón, más sus carros de guerra y su gente de a caballo, entraron tras ellos hasta la mitad del mar.

Entonces Moisés extendió su vara de nuevo, y el mar cubrió al ejército egipcio, matando a cada soldado.

Aquel día el Señor salvó a los israelitas de manos de los egipcios.

De Billy Graham

Dios no quería que los egipcios capturaran a los israelitas. Para lograr su propósito, hizo algo que parecía imposible: convertir el mar en tierra firme. Una de las mayores bendiciones que me dio mi madre fue enseñarme a los diez años de edad que «Dios es Espíritu, infinito, eterno e inmutable en su ser, sabiduría, poder, santidad, justicia, bondad y verdad». Esa definición de Dios me ha acompañado toda la vida. Dios no tiene límites. Su sabiduría no tiene límites. Su poder no tiene límites. Su amor no tiene límites. Cuando sabemos esto en nuestros corazones, ¡nos ayuda a recordar que Él es capaz de hacer cosas que no podemos hacer nosotros mismos!

55

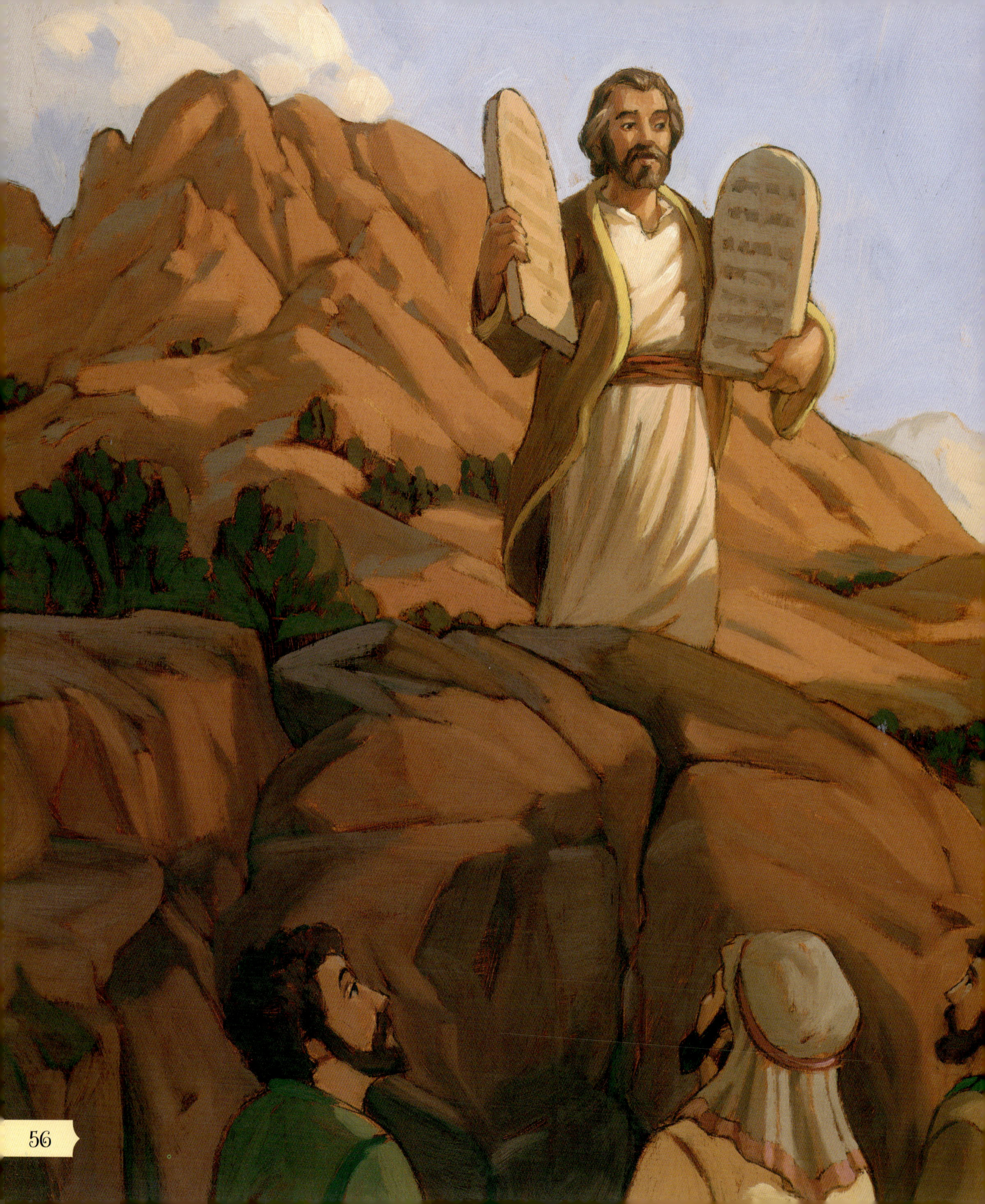

Los Diez Mandamientos

Pasajes bíblicos seleccionados de Éxodo 19–31 (NVI®)

Antes de que Dios guiara a los israelitas a la Tierra Prometida, Él quería que entendieran y siguieran sus mandamientos. Así que Moisés se reunió con Dios en la cima de una montaña por cuarenta días y cuarenta noches, y cuando bajó, traía dos tablas de piedra. Dios escribió en ellas estos Diez Mandamientos:

«No tengas otros dioses además de mí.

»No te inclines delante de ellos ni los adores.

»No pronuncies el nombre del Señor tu Dios a la ligera.

»Acuérdate del sábado, para consagrarlo. Trabaja seis días, y haz en ellos todo lo que tengas que hacer, pero el día séptimo será un día de reposo para honrar al Señor tu Dios. No hagas en ese día ningún trabajo.

»Honra a tu padre y a tu madre.

»No mates.

»No cometas adulterio.

»No robes.

»No des falso testimonio en contra de tu prójimo.

»No codicies de tu prójimo nada que le pertenezca».

De Billy Graham

Los Diez Mandamientos nos ayudan a entender lo bueno y lo malo. Los primeros cuatro mandamientos muestran que nuestra prioridad mayor es amar a Dios; los otros seis guían nuestro amor hacia otras personas.

Dios nos dio estas normas por otra razón: Él nos ama y quiere lo mejor para nosotros. ¿Qué ocurre cuando la gente no los cumple? ¿Qué sucede cuando la gente miente y roba, y hace siempre otras cosas malas? La gente lastima a los demás y peca contra Dios.

Gracias a Dios que Él se preocupa tanto por nosotros que nos dijo cómo vivir, y a pedirle que nos ayude a seguirlo en todo lo que hacemos

58

Los espías y Rajab de Jericó

La ayuda de Rajab

Pasajes bíblicos seleccionados de Josué 1–2, 6 (RVC)

Después que murió Moisés, Dios le ordenó a Josué que guiara al pueblo a la Tierra Prometida, diciendo: «No tengas miedo ni te desanimes porque el Señor tu Dios estará contigo donde quiera que vayas» (Josué 1:9). Josué envió espías a la tierra para ver cómo era, y los espías se quedaron en la casa de Rajab.

Entonces el rey de Jericó le envió este mensaje a Rajab: «Saca a los [espías] que llegaron a tu casa».

Ella le contestó al rey: «Es cierto que unos [espías] llegaron a mi casa pero yo no sabía de dónde eran. Se fueron al anochecer. No sé a dónde fueron, pero vayan rápido a buscarlos que todavía los pueden alcanzar». En realidad, ella los había llevado al techo de la casa, y los había escondido en unos bultos de lino que tenía allí. Entonces los hombres del rey salieron en persecución de los espías.

Rajab subió al techo de su casa y les pidió a los espías que salvaran a su familia cuando Israel atacara Jericó, porque Rajab los acababa de salvar. Los espías estuvieron de acuerdo.

Entonces ella, utilizando una cuerda, los bajó por la ventana porque la muralla formaba parte de su casa.

Rajab les dijo:

—Vayan hacia las montañas. Escóndanse allí por tres días.

Los hombres le dijeron:

—Tienes que atar esta cuerda roja a la ventana. Tendrás que reunir a toda tu familia en tu casa.

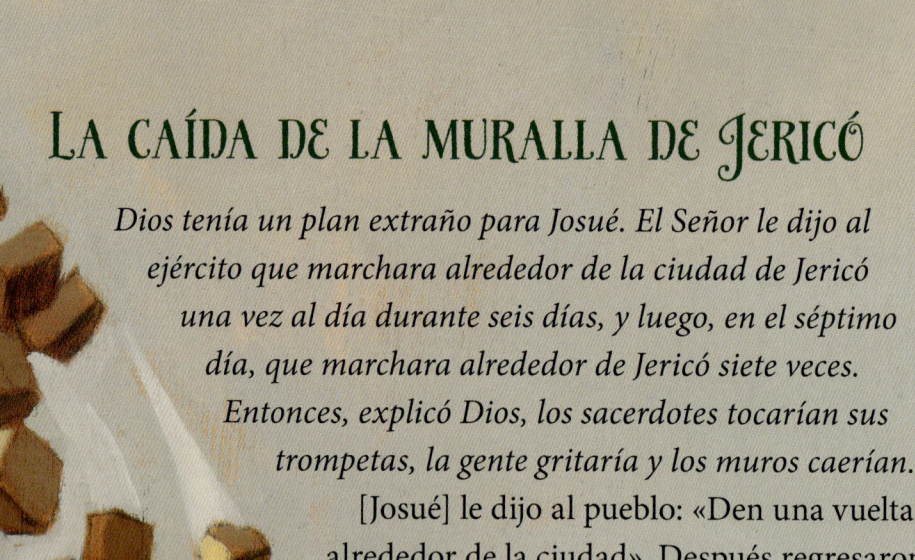

La caída de la muralla de Jericó

Dios tenía un plan extraño para Josué. El Señor le dijo al ejército que marchara alrededor de la ciudad de Jericó una vez al día durante seis días, y luego, en el séptimo día, que marchara alrededor de Jericó siete veces. Entonces, explicó Dios, los sacerdotes tocarían sus trompetas, la gente gritaría y los muros caerían.

[Josué] le dijo al pueblo: «Den una vuelta alrededor de la ciudad». Después regresaron al campamento para pasar la noche. Hicieron esto por seis días. El séptimo día ellos se levantaron al amanecer y marcharon

De Billy Graham

Quizá a Josué le pareciera una locura el plan de batalla de Dios. ¿Cuándo se había derrotado una ciudad entera con marchas, sonar de trompetas y gritos? Aun así, Josué no dudó de Dios. Josué era leal, obediente y valeroso.

Josué se paró frente a Jericó. La ciudad era una gran fortaleza. Como Josué estaba orando, sabía que Dios estaba con él y se humilló delante de Él. ¡No es de extrañar que Dios le diera una gran victoria!

Mateo 17:20 dice: «Si tuvieran fe como un grano de mostaza, le dirían a este monte: "Quítate de allí y vete a otro lugar", y el monte les obedecería» (RVC). ¡Josué puso su fe en el poder y el plan de Dios, y ocurrieron grandes cosas! Cuando no entiendas los mandamientos de Dios, recuerda que Dios sabe lo que hace. Puedes confiar en que Él hace lo adecuado según su perfecto plan.

alrededor de la ciudad, pero ese día dieron siete vueltas.

La séptima vez, cuando los sacerdotes tocaron las trompetas, Josué le dijo a la gente: «¡Griten! Porque el Señor les ha dado la ciudad».

Entonces la gente gritó, y la muralla se derrumbó. Entonces, capturaron [la ciudad].

Josué les perdonó la vida a Rajab, la prostituta, y a todos sus parientes porque escondió a los mensajeros que Josué había enviado a espiar en Jericó.

Dios guía por medio de Débora

Pasajes bíblicos seleccionados de Jueces 4 (RVC)

Cuando Israel desobedeció a Dios y dejó de adorarlo, Él permitió que el rey de Canaán los gobernara durante veinte años. Los cananeos eran crueles con los israelitas. Dios dijo que los liberaría, pero que debían obedecerlo. Débora, la jueza sabia de los israelitas, confiaba en Dios y le daba el mensaje de Dios al pueblo. Ella quería ayudar a Barac, el capitán del ejército israelita, a confiar en Dios y vencer a Sísara, el capitán del ejército cananeo.

Débora mandó llamar a Barac [y] le preguntó: «El Señor y Dios de Israel te ha dado una orden, ¿no es verdad? Te ha dicho: "Ve y reúne a tu gente en el monte de Tabor. Toma diez mil hombres. Yo voy a hacer que Sísara vaya con sus carros y su ejército, y allí lo entregaré en tus manos"».

Y Barac le respondió: «Iré, si tú vas conmigo. Si no vas conmigo, no iré».

Ella le dijo: «Voy a ir contigo». Y así, Débora se levantó.

[Sísara] reunió sus novecientos carros de hierro y a todo su ejército.

Entonces Débora le dijo a Barac: «Levántate, que hoy el Señor va a poner a Sísara en tus manos, pues en verdad el Señor está contigo».

Y Dios les dio una gran victoria sobre el enemigo, tal como lo prometió.

63

De Billy Graham

Débora confió en Dios de inmediato, pero Barac necesitaba algún aliento. Es difícil confiar en Dios cuando estás en una situación temible o cuando todo parece ir mal. Es más fácil para nosotros sentir miedo que fe. Aun así, nunca lo olvides: El temor puede superar a la fe, pero la fe también puede superar al temor. La fe no es fingir que nuestros problemas no existen, ni es una simple ilusión. La fe nos señala más allá de nuestros problemas a la esperanza que tenemos en Cristo. La verdadera fe implica confianza... confianza en lo que Cristo ha hecho por nosotros, y confianza en la bondad y la misericordia de Dios.

Una vez que nos damos cuenta de que Dios tiene el control y que nos sostiene en sus manos amorosas, podemos ser más valientes para hacer las cosas difíciles. Al igual que dijo el salmista: no tenemos miedo porque el Señor está con nosotros (Salmo 118:6).

La gran victoria de Gedeón

Pasajes bíblicos seleccionados de Jueces 6–8 (NTV)

El ángel del Señor se le apareció a Gedeón y lo llamó para que guiara a Israel contra los madianitas. Dios prometió estar con Gedeón y darle a Israel la victoria sobre Madián. El ejército de Gedeón tenía treinta y dos mil hombres. Sin embargo, Dios le dijo a Gedeón que redujera el tamaño de su ejército a solo trescientos hombres, un número demasiado pequeño comparado con el ejército madianita. Dios quería que su pueblo viera que no ganarían por su propia fuerza, sino porque Él estaba con ellos.

El Señor le dijo a Gedeón: «Con estos trescientos hombres, rescataré a Israel y te daré la victoria sobre los madianitas. Envía a todos los demás a su casa».

Esa noche el Señor le dijo: «¡Levántate! ¡Desciende al campamento madianita, porque te he dado la victoria sobre ellos!».

[Gedeón] dividió a los trescientos hombres en tres grupos y le dio a cada hombre un cuerno de carnero y una vasija de barro con una antorcha adentro. Después les dijo: «En cuanto yo y los que están conmigo toquemos los cuernos de carnero, griten: "¡Por el Señor y por Gedeón!"».

Gedeón y los cien hombres que iban con él llegaron al límite del campamento. Enseguida los tres grupos tocaron juntos los cuernos y rompieron las vasijas, y todos gritaban: «¡Una espada por el Señor y también por Gedeón!». Cuando los trescientos israelitas tocaron los cuernos de carnero, el Señor hizo que los guerreros del campamento [madianita] pelearan entre sí con sus espadas.

El pueblo de Israel derrotó a Madián. Y hubo paz en la tierra durante cuarenta años.

De Billy Graham

Es cierto que la fuerza de Dios se perfecciona en la debilidad. De lo contrario, no sería la fortaleza de Dios, ni tampoco Él recibiría la gloria. Por eso, a lo largo del Antiguo Testamento Dios les ordenaba a los jefes de Israel que redujeran el tamaño de sus ejércitos. Dios quería que la fe del hombre estuviera en Él y no en la fortaleza física.

¿Necesitas la fortaleza de Dios por algo que enfrentas? Puedes tenerla. ¡Solo pídela!

Sansón el fuerte

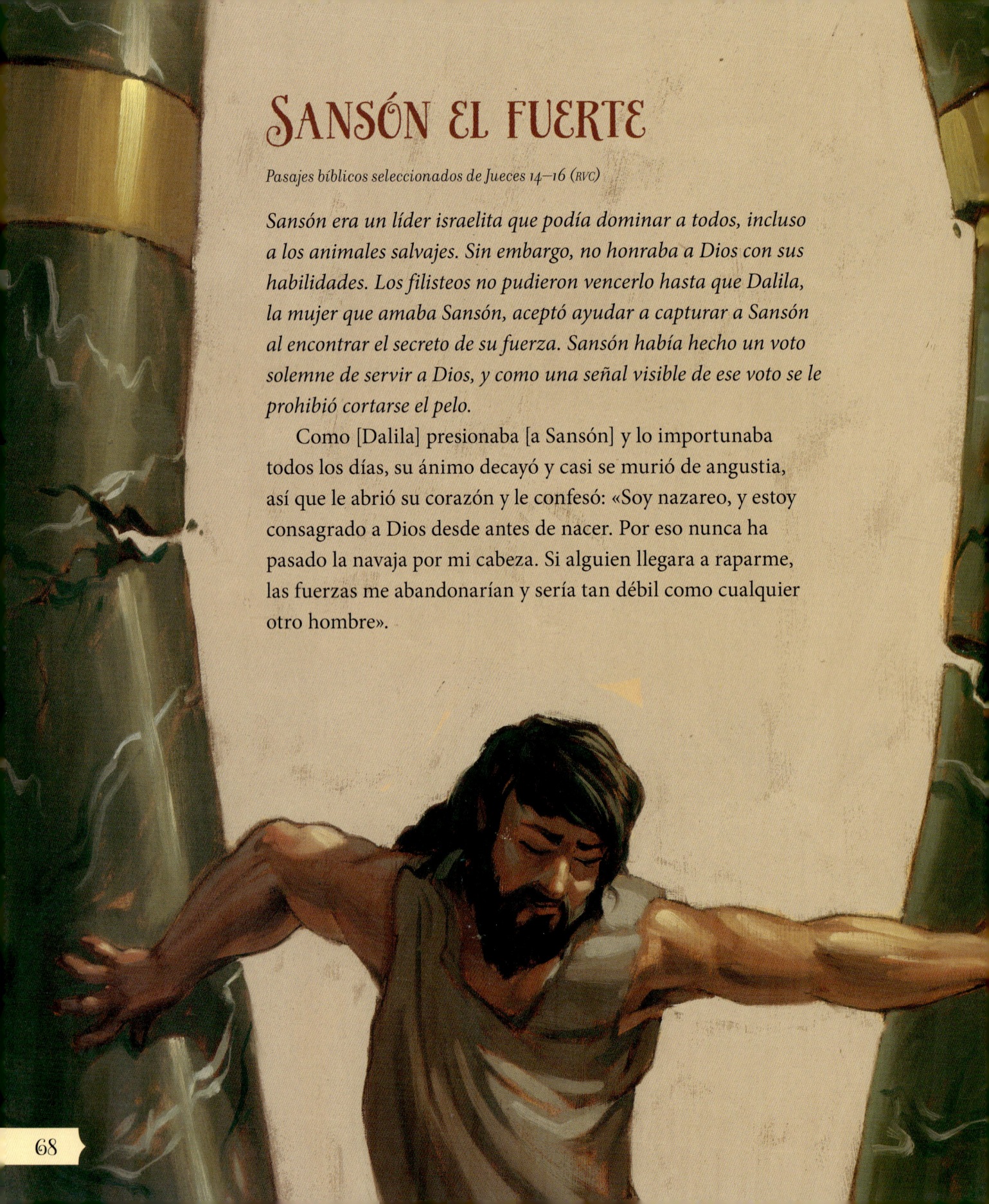

Pasajes bíblicos seleccionados de Jueces 14–16 (RVC)

Sansón era un líder israelita que podía dominar a todos, incluso a los animales salvajes. Sin embargo, no honraba a Dios con sus habilidades. Los filisteos no pudieron vencerlo hasta que Dalila, la mujer que amaba Sansón, aceptó ayudar a capturar a Sansón al encontrar el secreto de su fuerza. Sansón había hecho un voto solemne de servir a Dios, y como una señal visible de ese voto se le prohibió cortarse el pelo.

Como [Dalila] presionaba [a Sansón] y lo importunaba todos los días, su ánimo decayó y casi se murió de angustia, así que le abrió su corazón y le confesó: «Soy nazareo, y estoy consagrado a Dios desde antes de nacer. Por eso nunca ha pasado la navaja por mi cabeza. Si alguien llegara a raparme, las fuerzas me abandonarían y sería tan débil como cualquier otro hombre».

Dalila tuvo a alguien que le afeitó la cabeza a Sansón mientras estaba dormido, y él perdió su fuerza. Entonces los filisteos lo capturaron, lo cegaron y lo pusieron en prisión. Pero su pelo siguió creciendo.

Sansón clamó al Señor, y le dijo: «Señor mi Dios, acuérdate de mí en este momento, y por favor dame fuerzas, aunque sea por última vez, para vengarme de los filisteos que me dejaron ciego». Al decir esto, Sansón asió las dos columnas centrales, sobre las que se apoyaba el templo y, apoyándose con las dos manos sobre ambas columnas, echó todo su peso sobre ellas, al tiempo que exclamaba: «¡No me importa morir junto con los filisteos!». Y haciendo un gran esfuerzo, Sansón hizo que el templo se derrumbara sobre los jefes y sobre todo el pueblo que allí estaba.

De Billy Graham

La Biblia nos dice que Sansón era fuerte. Sansón era bien parecido. Dios lo bendijo de muchas maneras.

Aun así, como era joven, Sansón tomó muchas decisiones malas e hizo muchas cosas indebidas. Al final de su vida, sintió no haber seguido a Dios. La Biblia dice: «Muestren humildad bajo la poderosa mano de Dios» (1 Pedro 5:6, RVC), y eso fue lo que Sansón hizo al final.

Pídele a Dios que te ayude a tomar buenas decisiones en tu vida, decisiones que estén de acuerdo con su voluntad.

Rut, la nuera fiel

Se queda con Noemí

Pasajes bíblicos seleccionados de Rut 1–2, 4 (DHH)

Hubo una época de hambre en toda la región. Entonces un hombre de Belén se fue a vivir al país de Moab. Con él fueron también su esposa Noemí y sus dos hijos. Sucedió que murió el marido de Noemí, y ella se quedó con sus dos hijos. Ellos se casaron con dos mujeres moabitas; una de ellas se llamaba Orfá y la otra Rut. Al cabo de unos diez años murieron también [los hijos].

Entonces [Noemí] decidió volver a Judá y, acompañada de sus nueras, salió del lugar donde vivían; pero en el camino les dijo:

—Anden, vuelvan a su casa, con su madre. Que el Señor les permita casarse otra vez y formar un hogar feliz.

Orfá se despidió de su suegra con un beso, pero Rut se quedó con ella. Rut contestó:

—Iré a donde tú vayas, y viviré donde tú vivas. Tu pueblo será mi pueblo, y tu Dios será mi Dios. Las dos siguieron su camino hasta Belén.

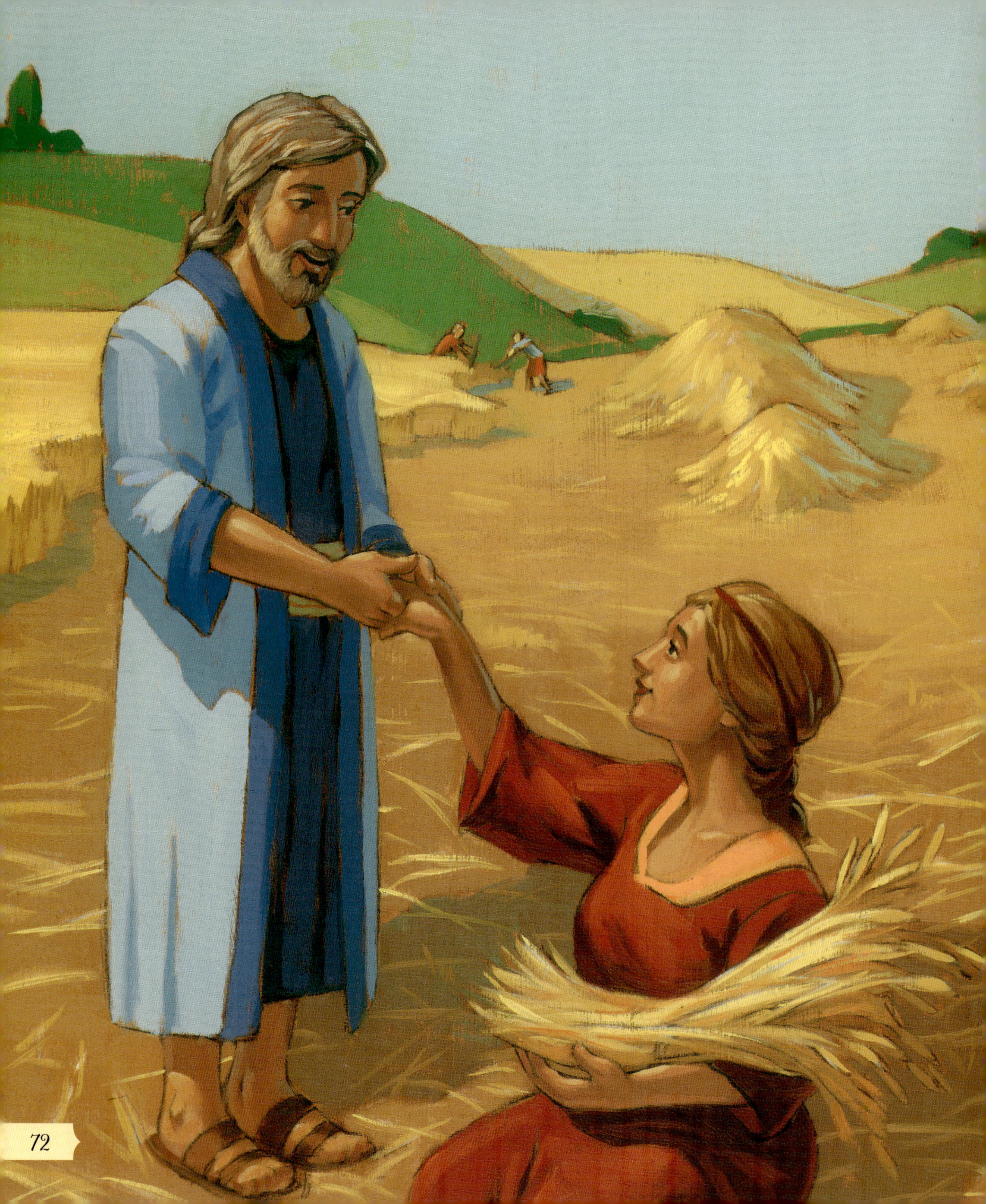

Booz, Rut y el bebé Obed

Un hombre rico llamado Booz, que era pariente del esposo de Noemí, vivía en Belén. Rut estaba espigando, recogiendo espigas de grano que los cosechadores dejaban atrás, en un campo de Booz.

Booz le dijo a Rut:

—Escucha, hija mía, no vayas a recoger espigas a ningún otro campo. Cuando tengas sed, ve a donde están las vasijas del agua y toma de la que ellos sacan.

Rut se inclinó hasta el suelo, y le preguntó:

—¿Por qué se ha fijado usted en mí y es tan amable conmigo?

Booz respondió:

—Sé muy bien todo lo que has hecho por tu suegra. ¡Que el Señor y Dios de Israel te premie por todo lo que has hecho!

Booz ordenó a sus criados:

—Dejen caer algunas espigas de sus propios manojos, para que ella las recoja. ¡Que nadie la moleste!

Booz se casó con Rut. Y el Señor permitió que tuviera un hijo. Y le pusieron por nombre Obed. Éste fue el padre de Jesé y abuelo de David.

De Billy Graham

La Biblia nos enseña a honrar a nuestros padres (Éxodo 20:12). Cuando somos niños, los honramos al obedecerles. Aun cuando crecemos, es importante amar, respetar y honrar a nuestros padres. Y los honramos ayudándolos en todo lo posible.

La suegra de Rut, Noemí, necesitaba ayuda debido a que murieron su marido y sus hijos, y ella quería regresar a Israel. Así que Rut decidió ayudar a Noemí y regresar a Israel con ella. ¿Qué puedes hacer hoy para ayudar a tu papá o a tu mamá?

El deseo del corazón de Ana

Pasajes bíblicos seleccionados de 1 Samuel 1–2 (RVC)

Un hombre llamado Elcana tenía dos esposas: Penina tuvo hijos, pero Ana no tenía. Cada año, Elcana y sus esposas iban a Silo para adorar a Dios.

[Un año,] Ana se levantó, después de comer y beber en Silo. El sacerdote Elí estaba sentado en una silla, junto a un pilar del templo del Señor. Entonces ella oró y lloró al Señor con mucha amargura, y le hizo un voto. Le dijo: «Señor de los ejércitos, si me das un hijo varón, yo te lo dedicaré para toda su vida».

Mientras ella oraba largamente, Elí la observaba mover los labios. Elí le [dijo]: «Vete en paz, y que el Dios de Israel te conceda lo que le has pedido».

El Señor se acordó de ella. Ana quedó embarazada y dio a luz un hijo, al que le puso por nombre Samuel.

Después [que lo destetó], lo llevó con ella a la casa del Señor en Silo. Y ella le dijo [al sacerdote Elí]: «Oraba por este niño, y el Señor me lo concedió. Prometí dedicarlo al Señor para toda la vida. ¡Para siempre será del Señor!».

De Billy Graham

¿Cómo respondes a los problemas? Ana nos muestra lo que debemos hacer: antes que nada, debemos volvernos a Dios en oración (Santiago 5:13, 16). La oración nos ayuda a recordar que no podemos resolverlo todo por nuestra cuenta.

La oración es una manera para que mostremos que creemos en el poder y el amor de Dios. No tratamos de engañar a Dios para que haga lo que queremos, lo buscamos para que Él nos bendiga y nos ayude de acuerdo con su perfecto plan para nosotros. Cuando llegan los problemas, permite que la oración sea lo primero que hagas.

76

El «¡Aquí estoy, Dios!» de Samuel

Pasajes bíblicos seleccionados de 1 Samuel 2–3 (NVI®)

El niño Samuel seguía creciendo y ganándose el aprecio del Señor y de la gente. [Una noche,] el Señor llamó a Samuel, y éste respondió:

—Aquí estoy.

Y en seguida fue corriendo adonde estaba Elí, y le dijo:

—Aquí estoy; ¿para qué me llamó usted?

—Yo no te he llamado —respondió Elí—. Vuelve a acostarte.

Y Samuel volvió a su cama.

Pero una vez más el Señor lo llamó:

—¡Samuel!

Él se levantó, fue adonde estaba Elí y le dijo:

—Aquí estoy; ¿para qué me llamó usted?

—Hijo mío —respondió Elí—, yo no te he llamado. Vuelve a acostarte.

Por tercera vez llamó el Señor a Samuel. Él se levantó y fue adonde estaba Elí.

—Aquí estoy —le dijo—; ¿para qué me llamó usted?

Entonces Elí se dio cuenta de que el Señor estaba llamando al muchacho.

—Ve y acuéstate —le dijo Elí—. Si alguien vuelve a llamarte, dile: "Habla, Señor, que tu siervo escucha".

Así que Samuel se fue y se acostó en su cama.

Entonces el Señor se le acercó y lo llamó de nuevo:

—¡Samuel! ¡Samuel!

—Habla, que tu siervo escucha —respondió Samuel.

Mientras Samuel crecía, el Señor estuvo con él. Todo Israel se dio cuenta de que el Señor había confirmado a Samuel como su profeta.

De Billy Graham

Dios puede usar a cualquiera que con sinceridad dice: «¡Aquí estoy!», como lo hizo Samuel. Dios puede usarte para ayudar a que otras personas conozcan a Jesús.

Jesús dijo que el pueblo de Dios es la luz del mundo, y que cuando hacemos cosas buenas, otros verán la bondad de Dios y desearán alabarlo (Mateo 5:14, 16). ¿Los demás ven algo diferente en ti? ¿Eres amable y considerado? ¿Compartes o dejas que otros vayan primero? ¿Ayudas y animas a las personas?

A tu alrededor hay personas que no conocen a Dios, y quizá te sorprenda descubrir que algunas piensan en Dios. Ora para que Dios te dé las palabras adecuadas para decirlas cuando Él abra la puerta. Incluso, Dios puede usar unas pocas de tus palabras de aliento o interés. Cuando Dios te llame para que les hables a otros de Él, sé como Samuel, listo para decir: «¡Aquí estoy!».

El valiente y amoroso David

David y el gigante

Pasajes bíblicos seleccionados de 1 Samuel 17 (NTV)

Los filisteos alistaron su ejército para la guerra. Los filisteos y los israelitas quedaron frente a frente en montes opuestos, separados por el valle.

Goliat, un campeón filisteo, salió de entre los filisteos. ¡Medía casi tres metros de altura! Goliat [le] gritó [a Israel]: «¡Elijan a un hombre para que venga aquí a pelear conmigo! Si me mata, entonces seremos sus esclavos; pero si yo lo mato a él, ¡ustedes serán nuestros esclavos!». Saúl y los israelitas quedaron aterrados.

Isaí tenía ocho hijos, y los tres mayores habían ido con el rey Saúl para pelear en la batalla. Isaí envió a su hijo menor, David, para ver a sus hermanos. Cuando David llegó al campamento del ejército, oyó a Goliat diciendo cosas malas sobre Dios y desafiando a los soldados israelitas para pelear.

—No se preocupe por este filisteo —le dijo David a Saúl—. ¡Yo iré a pelear contra él!

Al pastorear, David había matado leones y osos para proteger a sus ovejas. Sabía que el Dios que lo libró de los leones y los osos lo protegería de Goliat.

[David] tomó cinco piedras lisas de un arroyo y las metió en su bolsa de pastor. Luego, armado únicamente con su vara de pastor y su honda, comenzó a cruzar el valle para luchar contra el filisteo.

David le respondió al filisteo:

—Tú vienes contra mí con espada, lanza y jabalina, pero yo vengo contra ti en nombre del Señor de los Ejércitos Celestiales a quien tú has desafiado. ¡Esta es la batalla del Señor, y los entregará a ustedes en nuestras manos!

[David] sacó una piedra, la lanzó con su honda y golpeó al filisteo en la frente. Goliat cayó de cara al suelo. Así David triunfó sobre el filisteo con solo una honda y una piedra. Después David sacó de su vaina la espada de Goliat y la usó para matarlo.

Cuando los filisteos vieron que su campeón estaba muerto, huyeron.

De Billy Graham

El joven David se enfrentó a un gigante llamado Goliat, un miembro de la nación filistea, enemiga a muerte del pueblo de Dios. Goliat medía casi tres metros de altura y vestía una pesada armadura. Su lanza era más o menos del tamaño de un tronco de árbol. Goliat era uno de los hombres más grandes de la historia registrada, y David se ofreció a pelear en su contra para el ejército de Dios.

Goliat estaba más armado y era más experimentado que David. Goliat era un gran guerrero; David no lo era. Su única arma era una honda, y una profunda dependencia de Dios. Y Dios le dio la victoria.

La amistad de David y Jonatán

Pasajes bíblicos seleccionados de 1 Samuel 18–20 (PDT)

Después que David venció a Goliat, David se reunió con el rey Saúl y su hijo Jonatán.

El alma de Jonatán quedó ligada al alma de David, y Jonatán lo amó como a sí mismo. Entonces Jonatán hizo un pacto con David, porque lo amaba como a sí mismo. Jonatán se quitó el manto que llevaba puesto y se lo dio a David, incluyendo su espada, su arco y su cinturón.

Lo lamentable es que el rey Saúl sintió celos de la popularidad de David.

Saúl les dijo a su hijo Jonatán y a todos sus siervos que dieran muerte a David; pero Jonatán, hijo de Saúl, apreciaba grandemente a David. Así que Jonatán le avisó a David: «Saúl mi padre procura matarte».

Jonatán era el heredero para convertirse en rey. Protegió a David, aun cuando eso significaba su renuncia a ser rey. Sabía que Dios quería que David fuera el rey, y él era un amigo fiel.

Jonatán habló bien de David a Saúl su padre, y le dijo: «No peque el rey contra David su siervo, puesto que él no ha pecado contra usted, y puesto que sus hechos han sido de mucho beneficio para usted. ¿Por qué, pues, pecará contra sangre inocente, dando muerte a David sin causa?».

En definitiva, todavía el rey Saúl quería matar a David, y David y Jonatán debieron tener una llorosa despedida.

Jonatán dijo a David: «Vete en paz, ya que nos hemos jurado el uno al otro en el nombre del Señor, diciendo: "El Señor esté entre tú y yo, y entre mi descendencia y tu descendencia para siempre"».

De Billy Graham

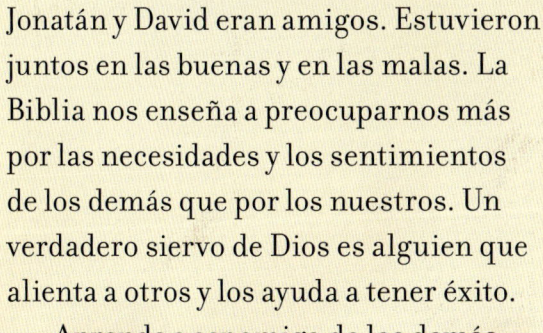

Jonatán y David eran amigos. Estuvieron juntos en las buenas y en las malas. La Biblia nos enseña a preocuparnos más por las necesidades y los sentimientos de los demás que por los nuestros. Un verdadero siervo de Dios es alguien que alienta a otros y los ayuda a tener éxito.

Aprende a ser amigo de los demás. Una buena manera de empezar es hacer algo práctico por alguien que tenga una necesidad.

David y los Salmos

Pasajes bíblicos seleccionados de los Salmos 23, 139, 145, 147 (LBLA)

Cantad alabanzas con la lira a nuestro Dios,
el que cubre de nubes los cielos,
el que provee lluvia para la tierra,
el que hace brotar la hierba en los montes.

Tú formaste mis entrañas.
Te alabaré, porque asombrosa y maravillosamente he sido hecho.

El Señor es mi pastor,
nada me faltará.
En lugares de verdes pastos me hace descansar;
junto a aguas de reposo me conduce.

Todos los días te bendeciré,
y alabaré tu nombre eternamente y para siempre.

Grande es el Señor, y digno de ser alabado en gran manera.

De Billy Graham

David adoraba a Dios cantándole y orándole. ¿Cómo adoras a Dios? ¿Qué es la adoración?

Adoramos a Dios cuando ponemos nuestra atención en Él, en su gloria, su poder, su amor, su bondad. A decir verdad, es difícil de hacer porque incluso en la iglesia o en nuestro tiempo devocional en casa, nos distraemos y dejamos de ver a Dios como es en realidad.

Fíjate en estos versículos por qué David adoraba a Dios. En primer lugar, David lo veía como el Señor, el Dios Todopoderoso del universo. También reconocía que Dios lo había hecho; él no estaba aquí por casualidad, sino por el plan perfecto de Dios. Por último, alababa a Dios porque Él lo hizo parte de su rebaño, cuidándolo y proveyendo siempre para todas sus necesidades.

Cuando pasamos tiempo cada día alabando a Dios por quién es Él y dándole gracias por su amor, logramos tener un vistazo de lo que haremos en el cielo. Algún día conoceremos a este Rey del universo, y en su presencia nos inclinaremos en adoración y diremos: «Digno eres, Señor y Dios nuestro, de recibir la gloria y el honor y el poder» (Apocalipsis 4:11, LBLA).

El sabio rey Salomón

Pasajes bíblicos seleccionados de 1 Reyes 2–3 (NTV)

Antes de morir, el rey David dijo a su hijo Salomón que obedeciera todos los mandamientos de Dios, a fin de conocer las bendiciones del Señor.

Dios le dijo [a Salomón]:

—¿Qué es lo que quieres? ¡Pídeme, y yo te lo daré!

Salomón contestó:

—Tú me has hecho rey, pero soy como un niño pequeño. Dame un corazón comprensivo para que pueda gobernar bien a tu pueblo, y sepa la diferencia entre el bien y el mal.

Al Señor le agradó que Salomón pidiera sabiduría. Así que le respondió:

—Como pediste sabiduría para gobernar a mi pueblo con justicia y no has pedido una larga vida, ni riqueza, ni la muerte de tus enemigos, ¡te concederé lo que me has pedido! Te daré un corazón sabio y comprensivo, como nadie nunca ha tenido ni jamás tendrá. Además, te daré lo que no me pediste: riquezas y fama. Ningún otro rey del mundo se comparará a ti por el resto de tu vida. Y si tú me sigues y obedeces mis decretos y mis mandatos, también te daré una larga vida.

Salomón entendió lo que más le importaba a Dios, y fue sabio y fiel. Sin embargo, después de un tiempo, se alejó de Dios. Salomón se centró en las cosas del mundo y vivió de manera tonta en lugar de obedecer a Dios, y se puso triste.

De Billy Graham

Riqueza, fama, placer, poder, casas de lujo, reputación de sabio, lo que sea, lo consiguió el rey Salomón. Y aun después de ganar todo lo que siempre había querido, más tarde llegó a la conclusión de que su vida estaba vacía y no tenía sentido porque dejo de poner a Dios primero. Fracasó en su búsqueda por la felicidad duradera.

No te dejes engañar; las cosas de este mundo nunca te harán feliz. La razón es que te crearon para conocer a Dios, ¡Él es más importante que cualquier otra cosa!

Elías y el fuego de Dios

Pasajes bíblicos seleccionados de 1 Reyes 18 (NTV)

El profeta Elías desafió a los profetas de Baal a un enfrentamiento: el Dios que enviara fuego en respuesta a la oración probaría que era Dios. Todo el día, los profetas de Baal llamaron a su dios, y nada sucedió. Entonces, Elías le construyó un altar a Dios...

Tomó doce piedras, y usó las piedras para reconstruir el altar en el nombre del Señor. Luego cavó una zanja alrededor del altar. Apiló la leña sobre el altar, cortó el toro en pedazos y puso los pedazos sobre la madera. Luego dijo: «Llenen cuatro jarras grandes con agua y echen el agua sobre la ofrenda y la leña». Una vez que lo hicieron, les dijo: «¡Háganlo de nuevo!». Cuando terminaron, les dijo: «¡Háganlo por tercera vez!». Así que hicieron lo que les dijo, y el agua corría alrededor del altar, tanto que hasta colmó la zanja.

[Elías] oró: «Oh Señor, demuestra hoy que tú eres Dios».

Al instante, el fuego del Señor cayó desde el cielo y consumió el toro, la leña, las piedras y el polvo. ¡Hasta lamió toda el agua de la zanja! Cuando la gente vio esto, todos cayeron rostro en tierra y exclamaron: «¡El Señor, él es Dios!».

De Billy Graham

Adoramos al Señor, y a nadie más, porque Él es el único que lo merece. Él es el único Dios verdadero y digno de nuestra alabanza debido a su carácter, poder y autoridad. Nada puede compararse con Dios. Cuando lo adoramos, mostramos que en verdad creemos que Él es más importante que cualquier otra cosa en el universo.

Jonás y la ballena

Pasajes bíblicos seleccionados de Jonás 1–3 (NTV)

Dios le dijo a Jonás que fuera a Nínive para que le dijera a la gente que dejara de hacer el mal, pero Jonás no quería hacerlo. En su lugar, se fue en dirección contraria y luego se subió a un barco para alejarse más. Terminó consiguiendo que lo arrojaran al mar.

Entre tanto, el Señor había provisto que un gran pez se tragara a Jonás; y Jonás estuvo dentro del pez durante tres días y tres noches.

Jonás oró al Señor su Dios desde el interior del pez.

Entonces el Señor ordenó al pez escupir a Jonás sobre la playa.

Esta vez, cuando Dios le dijo que fuera a Nínive, Jonás fue y les advirtió que Dios destruiría la ciudad en cuarenta días.

La gente de Nínive creyó el mensaje de Dios.

Dios vio cómo habían abandonado sus malos caminos, cambió de parecer y no llevó a cabo la destrucción con que los había amenazado.

De Billy Graham

¿Alguna vez has estado en un auto cuando alguien dio un giro equivocado y terminó yendo en la dirección equivocada? Es probable que el conductor tuviera que dar la vuelta y empezar a ir en la dirección opuesta.

La vida se parece mucho a eso. Cuando nos damos cuenta que no hacemos feliz a Dios con la forma en que vivimos, tenemos que dar la vuelta y empezar a ir en la dirección opuesta. Tenemos que empezar a obedecer a Dios.

Jonás iba en la dirección equivocada. Solo después que se lo tragó un gran pez y vivió en su vientre por tres días, decidió dar la vuelta y tomar el buen camino. Esto se llama arrepentimiento. Cuando hacemos algo malo, arrepentirnos es una parte importante de seguir a Dios.

Isaías habla de un Salvador

*Pasajes bíblicos seleccionados de
Isaías 7, 9 y 53 (RV-60)*

Dios llamó a Isaías a ser profeta, a fin de ayudar al pueblo para que escuchara los mensajes de Dios y viviera de manera que lo honrara. Dios le dijo a Isaías que Él tenía un plan para enviar un Salvador para su pueblo, su propio Hijo.

El Señor mismo os dará señal: He aquí que la virgen concebirá, y dará a luz un hijo, y llamará su nombre Emanuel.

Porque un niño nos es nacido,
hijo nos es dado,
y el principado sobre su hombro;
y se llamará su nombre Admirable, Consejero, Dios Fuerte,
Padre Eterno, Príncipe de Paz.

Lo dilatado de su imperio y la paz
no tendrán límite,
desde ahora y para siempre.

Él herido fue por nuestras rebeliones,
molido por nuestros pecados;
y por su llaga fuimos nosotros curados.
Por cuanto derramó su vida hasta la muerte,
habiendo él llevado el pecado de muchos.

De Billy Graham

Cientos de años antes del nacimiento de Jesús, los profetas del Antiguo Testamento hablaron de los detalles de la vida de Jesús: Su nacimiento, ministerio, muerte y resurrección. Dios prometía enviar al Príncipe de Paz, el que salvaría a su pueblo de sus pecados. Isaías lo describió como «admirable».

Jesús fue admirable en su nacimiento. Dios no envió a un ejército de ángeles para corregir los males del mundo y salvar a los pecadores. Él envió a un pequeño bebé, su Hijo, nacido de una virgen.

Jesús fue admirable en su vida. Sus enemigos no pudieron encontrar ni un solo defecto en su carácter. Amaba el mundo como lo hizo su Padre, y sus milagros y sus enseñanzas demostraron que Él era el Hijo de Dios.

Jesús también fue admirable en su muerte. Murió por los demás tal y como vivió por los demás, hizo posible nuestra salvación. Y esta muerte permitió que tengamos vida eterna. ¡Todo sucedió justo como lo dijeron los profetas!

Josías, el niño rey

Pasajes bíblicos seleccionados de 2 Reyes 22—23 (LBLA)

Josías tenía ocho años cuando comenzó a reinar [en Judá]. E hizo lo recto ante los ojos del Señor y anduvo en todo el camino de su padre David.

A los dieciocho años de su reinado, Josías escuchó la ley de Dios, reconoció la desobediencia de su pueblo y supo que Dios estaba enojado. Josías mandó a reunir a los ancianos de Judá y Jerusalén. Fueron a la casa del Señor y escucharon la lectura de la Ley de Dios.

Después el rey hizo pacto delante del Señor de andar en pos del Señor y de guardar sus mandamientos, sus testimonios y sus estatutos con todo su corazón y con toda su alma, para cumplir las palabras de este pacto escritas en este libro. Y todo el pueblo confirmó el pacto.

Entonces el rey ordenó a todo el pueblo, diciendo: «Celebrad la Pascua al Señor vuestro Dios como está escrito en este libro del pacto». Y antes de [Josías] no hubo rey como él que se volviera al Señor con todo su corazón, con toda su alma y con todas sus fuerzas, conforme a toda la ley de Moisés, ni otro como él se levantó después de él.

De Billy Graham

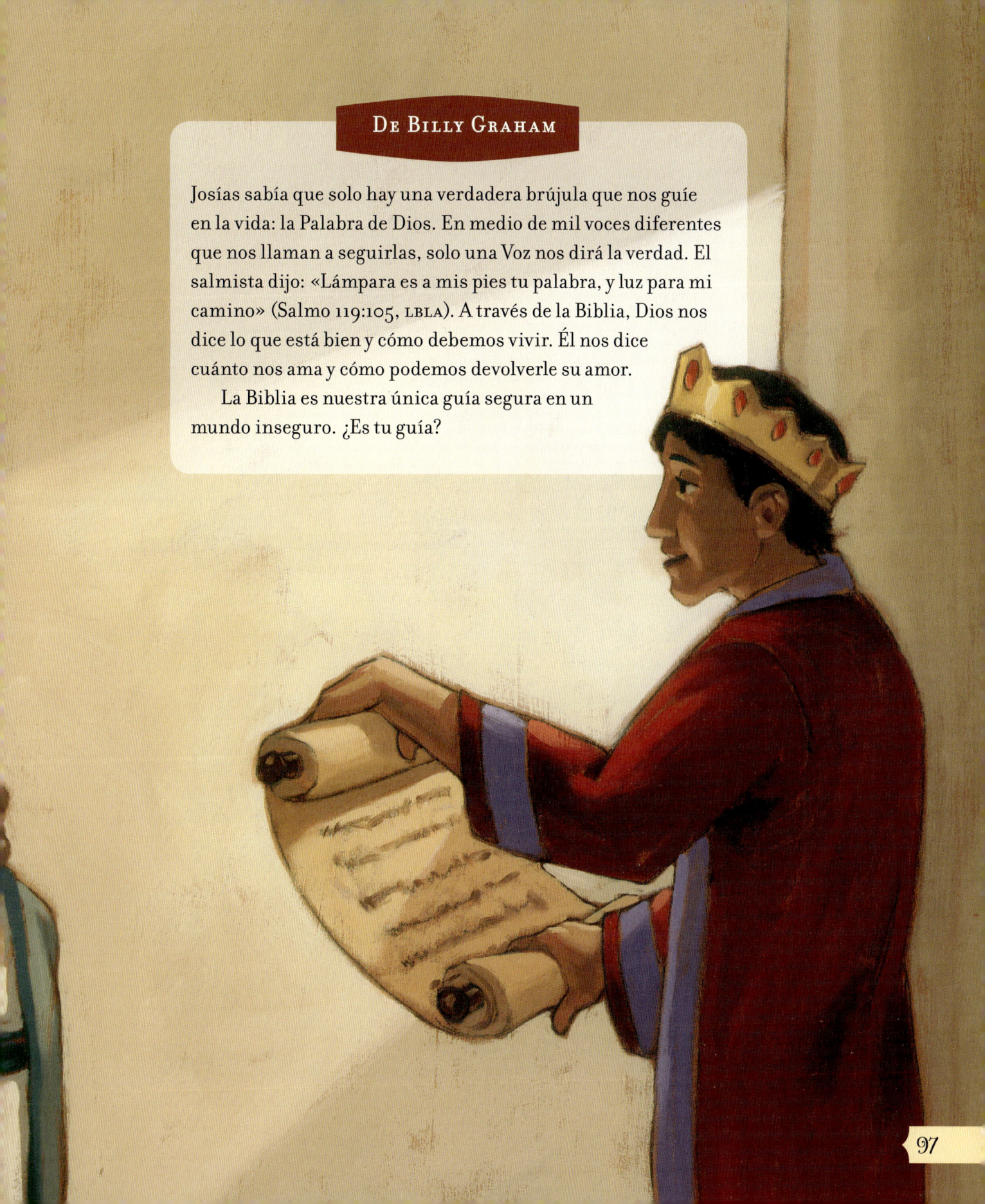

Josías sabía que solo hay una verdadera brújula que nos guíe en la vida: la Palabra de Dios. En medio de mil voces diferentes que nos llaman a seguirlas, solo una Voz nos dirá la verdad. El salmista dijo: «Lámpara es a mis pies tu palabra, y luz para mi camino» (Salmo 119:105, LBLA). A través de la Biblia, Dios nos dice lo que está bien y cómo debemos vivir. Él nos dice cuánto nos ama y cómo podemos devolverle su amor.

La Biblia es nuestra única guía segura en un mundo inseguro. ¿Es tu guía?

Daniel en el foso de los leones

Pasajes bíblicos seleccionados de Daniel 5–6 (PDT)

Debido a su desobediencia, Dios permitió que una poderosa nación extranjera se llevara cautivo a su pueblo. Cuando Darío se convirtió en su rey, seleccionó los hombres calificados para que fueran líderes de esta nación. Y aunque Daniel era judío, lo eligieron como uno de ellos. Daniel demostró de tal manera ser un buen líder que el rey pensó ponerlo al frente de todo el reino. Sin embargo, los otros líderes estaban celosos de Daniel, así que lograron que el rey Darío dictara una ley que decía que ninguno podía orar a nadie más que al rey durante treinta días. A los que violaran la ley los arrojarían al foso de los leones.

Daniel, sabiendo que el rey había firmado esa ley, de inmediato se fue a su casa y abrió las ventanas del segundo piso que daban hacia Jerusalén, y se arrodilló para orar y dar gracias a Dios, tal como siempre lo hacía.

Luego esos hombres fueron a la casa de Daniel y lo encontraron orando. En seguida se presentaron ante el rey y dijeron:

—Majestad, usted ha firmado una ley prohibiendo durante treinta días que se hagan oraciones o peticiones a cualquier dios o persona que no sea usted. Y quien no obedezca será mandado al foso de los leones. ¿No es verdad?

El rey respondió:

—Así es.

Entonces le dijeron al rey:

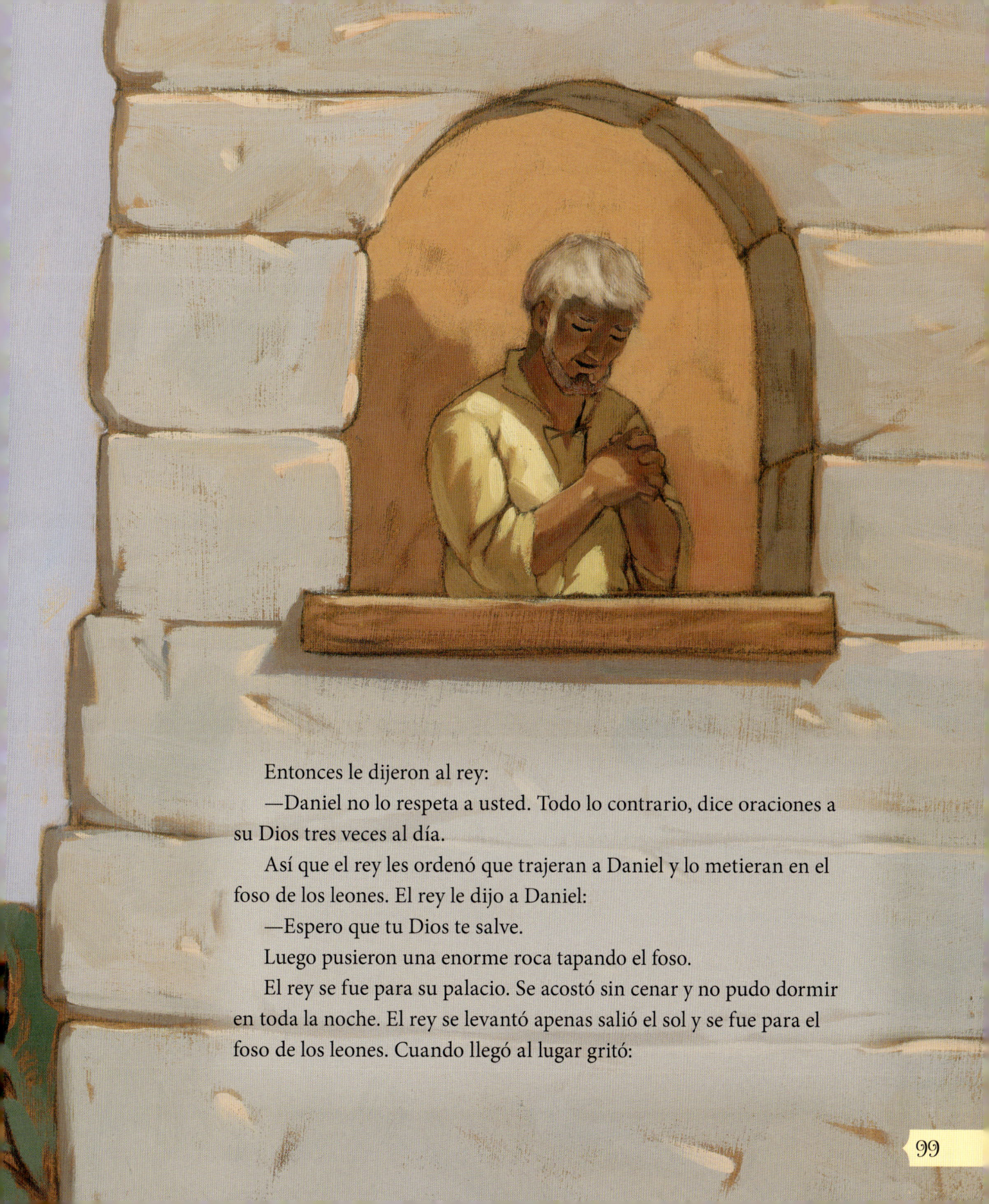

—Daniel no lo respeta a usted. Todo lo contrario, dice oraciones a su Dios tres veces al día.

Así que el rey les ordenó que trajeran a Daniel y lo metieran en el foso de los leones. El rey le dijo a Daniel:

—Espero que tu Dios te salve.

Luego pusieron una enorme roca tapando el foso.

El rey se fue para su palacio. Se acostó sin cenar y no pudo dormir en toda la noche. El rey se levantó apenas salió el sol y se fue para el foso de los leones. Cuando llegó al lugar gritó:

—¡Daniel! ¿Tu Dios pudo salvarte de los leones?

Daniel respondió:

—Mi Dios envió a su ángel a cerrar la boca de los leones y no me han hecho nada.

El rey se alegró y ordenó que sacaran a Daniel del foso de los leones. Entonces el rey ordenó que llevaran ante él a los hombres que habían acusado a Daniel. Los llevaron y luego los echaron en el foso de los leones.

El rey Darío escribió: «Ordeno que en todo mi reino todos adoren y respeten al Dios de Daniel. Él es el Dios vivo y existe para siempre».

De Billy Graham

La Biblia dice: «Oren sin cesar» (1 Tesalonicenses 5:17, RVC). Cuando la vida de Daniel estaba en peligro porque se negaba a dejar de adorar a Dios, fue a su casa y siguió orando como lo hacía siempre (Daniel 6:10, PDT).

Debemos aprender a orar en todo momento y en toda situación. Nada puede sustituir un tiempo diario para estar a solas en oración con Dios. Aun así, también podemos orar durante el día: sentados en el auto, haciendo tareas, yendo a la escuela.

Camina junto a Dios, como lo hizo Daniel. Ora y confía en Dios pase lo que pase. Cuando Daniel se encontraba en el foso de los leones, Dios estaba a su lado y lo libró.

La tarea especial de Ester

Pasajes bíblicos seleccionados de Ester 2–4, 7–8 (RV-60)

Ester era una judía que crio su primo mayor, Mardoqueo. Ester era hermosa por dentro y por fuera. Cuando el rey Asuero, gobernante de Persia, buscaba una reina, eligió a Ester.

Cuando le llegó a Ester el tiempo de venir al rey, el rey amó a Ester más que a todas las otras mujeres; y puso la corona real en su cabeza, y la hizo reina.

Y dijo Amán [uno de los consejeros del rey] al rey Asuero: «Hay un pueblo esparcido y distribuido entre los pueblos en todas las provincias de tu reino, y sus leyes son diferentes de las de todo pueblo, y no guardan las leyes del rey. Si place al rey, decrete que sean destruidos. Y fue escrito [un decreto].

Luego que supo Mardoqueo todo lo que se había hecho, se fue por la ciudad clamando con grande y amargo clamor. Y en cada provincia y lugar donde el mandamiento del rey y su decreto llegaba, tenían los judíos gran luto.

Y vinieron las doncellas de Ester, y sus eunucos, y [le] dijeron [lo de Mardoqueo]. Entonces la reina tuvo gran dolor.

Entonces dijo Mardoqueo a Ester: «No pienses que escaparás en la casa del rey más que cualquier otro judío. ¿Y quién sabe si para esta hora has llegado al reino?».

Y Ester [le] dijo a Mardoqueo: «Entraré a ver al rey».

Era muy peligroso para Ester reunirse con el rey; como judía que quería proteger a otros judíos, podrían haberla matado. Sin embargo, ella fue valiente. Preparó un gran banquete e invitó al rey y a Amán a que comieran con ella.

Fue, pues, el rey con Amán al banquete de la reina Ester. Y dijo el rey a Ester: «¿Cuál es tu petición, reina Ester, y te será concedida?».

La reina Ester respondió y dijo: «Hemos sido vendidos, yo y mi pueblo, para ser destruidos, para ser muertos».

Respondió el rey Asuero, y dijo a la reina Ester: «¿Quién es, y dónde está, el que ha ensoberbecido su corazón para hacer esto?».

Ester dijo: «El enemigo y adversario es este malvado Amán».

El rey se puso tan furioso que mandó a matar al malvado Amán. También hizo un nuevo decreto que les permitía a los judíos defenderse.

Y en cada provincia y en cada ciudad donde llegó el mandamiento del rey, los judíos tuvieron alegría y gozo, banquete y día de placer.

De Billy Graham

¿Cuántos de nosotros tenemos el valor de Ester? Muy a menudo solo hacemos lo que es fácil o popular. Incluso si, en el fondo, sabemos qué es lo que hay que hacer, nos refrenamos porque le tememos a lo que pueda ocurrir como resultado. Si parece que las cosas van a ser fáciles para nosotros, nos mantendremos firmes, pero si hay algún riesgo involucrado en hacer lo que sabemos que es adecuado, iremos a lo seguro.

¡Qué distinta fue la valiente Ester! Recuerda: «Porque no nos ha dado Dios espíritu de cobardía, sino de poder, de amor y de dominio propio» (2 Timoteo 1:7, RV-60). Aunque quizá nunca tengas que enfrentar lo mismo que Ester, no tomes el camino del cobarde; no cedas ante el miedo.

El Nuevo Testamento

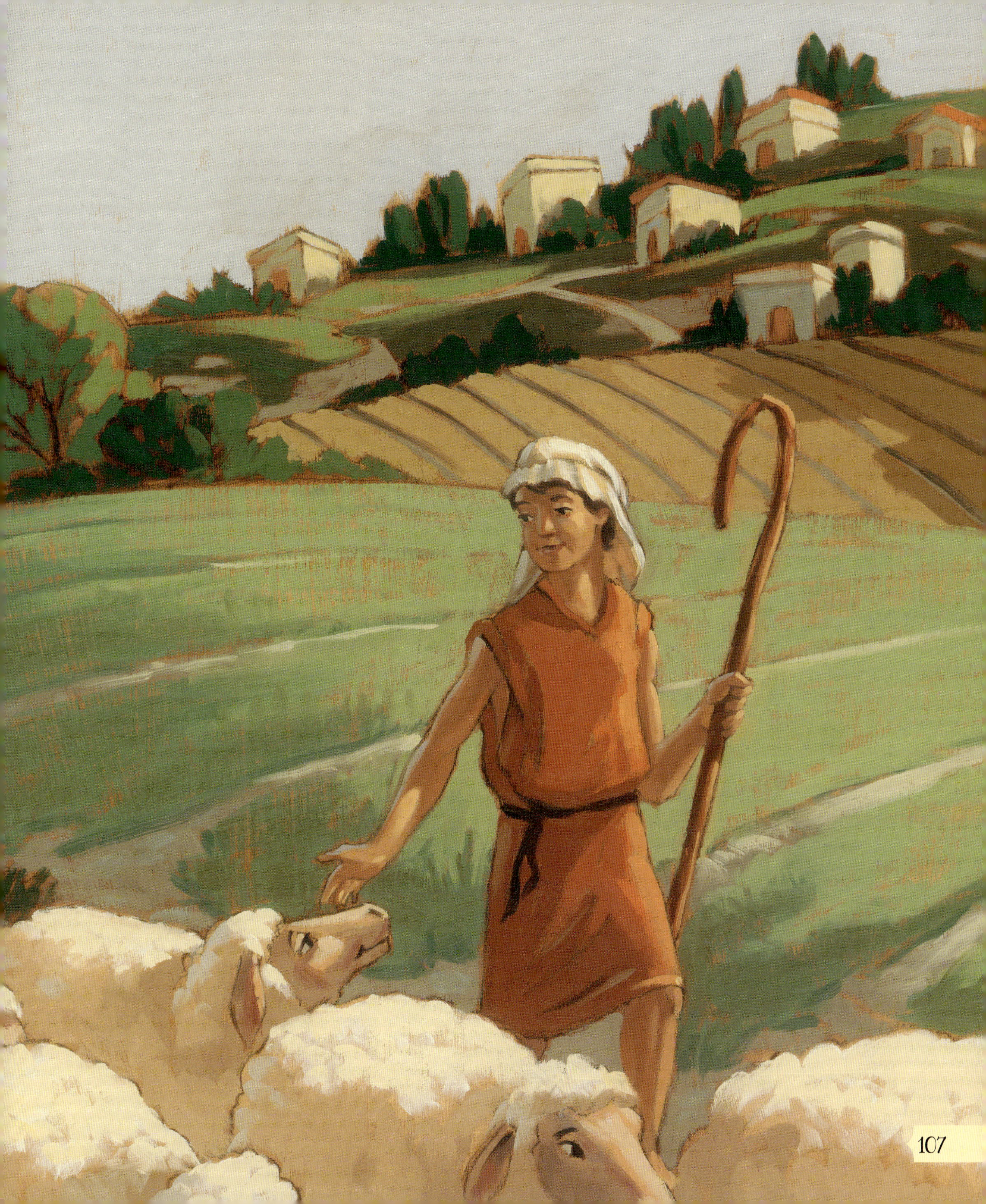

108

Noticias sorprendentes para Zacarías

Pasajes bíblicos seleccionados de Lucas 1 (LBLA)

Un sacerdote llamado Zacarías y su esposa, Elisabet, amaban y obedecían a Dios. Eran ancianos y no tenían hijos. Un día, el Señor envió al ángel Gabriel para darle a Zacarías un sorprendente mensaje

El ángel le dijo: «No temas, Zacarías, porque tu petición ha sido oída, y tu mujer Elisabet te dará a luz un hijo, y lo llamarás Juan. Él será grande delante del Señor. Y él hará volver a muchos de los hijos de Israel al Señor su Dios, a fin de preparar para el Señor un pueblo bien dispuesto».

Zacarías le preguntó cómo iba a saber esto. Gabriel le dijo que no podría hablar hasta que se cumpliera la promesa porque no creyó lo que se le dijo.

El pueblo estaba esperando a Zacarías. Pero cuando salió, no podía hablarles, y se dieron cuenta de que había visto una visión en el templo.

Cuando a Elisabet se le cumplió el tiempo de su alumbramiento, dio a luz un hijo. Y sus vecinos y parientes oyeron que el Señor había demostrado su gran misericordia; y se regocijaban con ella.

Después que el bebé nació, Zacarías escribió que el nombre del bebé sería Juan. Al instante, ¡pudo hablar de nuevo!

De Billy Graham

Cuando Zacarías escuchó las palabras del ángel, no tenía ninguna prueba física de que su esposa tendría un bebé. ¡Y parecía imposible! Aun así, Dios quería que Zacarías creyera que su Palabra, enviada por medio del ángel, era cierta. Zacarías tendría que confiar en Dios y tener fe para creer en lo que no podía ver.

De la misma manera, tenemos la Palabra de Dios ante nosotros, llena de sus promesas. ¿Responderemos como Zacarías o creeremos lo que dice Dios aun cuando no vemos ninguna prueba?

El mensaje del ángel para María

Pasajes bíblicos seleccionados de Lucas 1 (NTV)

Dios envió al ángel Gabriel a una joven mujer llamada María.

Gabriel se le apareció y dijo: «¡Saludos, mujer favorecida! ¡El Señor está contigo!».

—No tengas miedo, María —le dijo el ángel—, ¡porque has hallado el favor de Dios! Concebirás y darás a luz un hijo, y le pondrás por nombre Jesús. Él será muy grande y lo llamarán Hijo del Altísimo.

—¿Pero cómo podrá suceder esto? —le preguntó María al ángel—. Soy virgen.

El ángel le contestó:

—El Espíritu Santo vendrá sobre ti, y el poder del Altísimo te cubrirá con su sombra. Por lo tanto, el bebé que nacerá será santo y será llamado Hijo de Dios.

María respondió:

—Soy la sierva del Señor. Que se cumpla todo lo que has dicho acerca de mí.

110

De Billy Graham

María era una adolescente cuando el ángel Gabriel apareció ante ella con este anuncio sorprendente. Aun así, por fe, María le dijo a Gabriel que ella era la sierva del Señor y que quería obedecerle (Lucas 1:38).

María aceptó la voluntad de Dios para su vida, sin importar lo que podría costarle. Siguiendo su ejemplo, ruego que Dios me dé la gracia y el valor de serle fiel, sin importar el precio que quizá me llame a pagar. Mi esperanza es que tú hagas esa oración también.

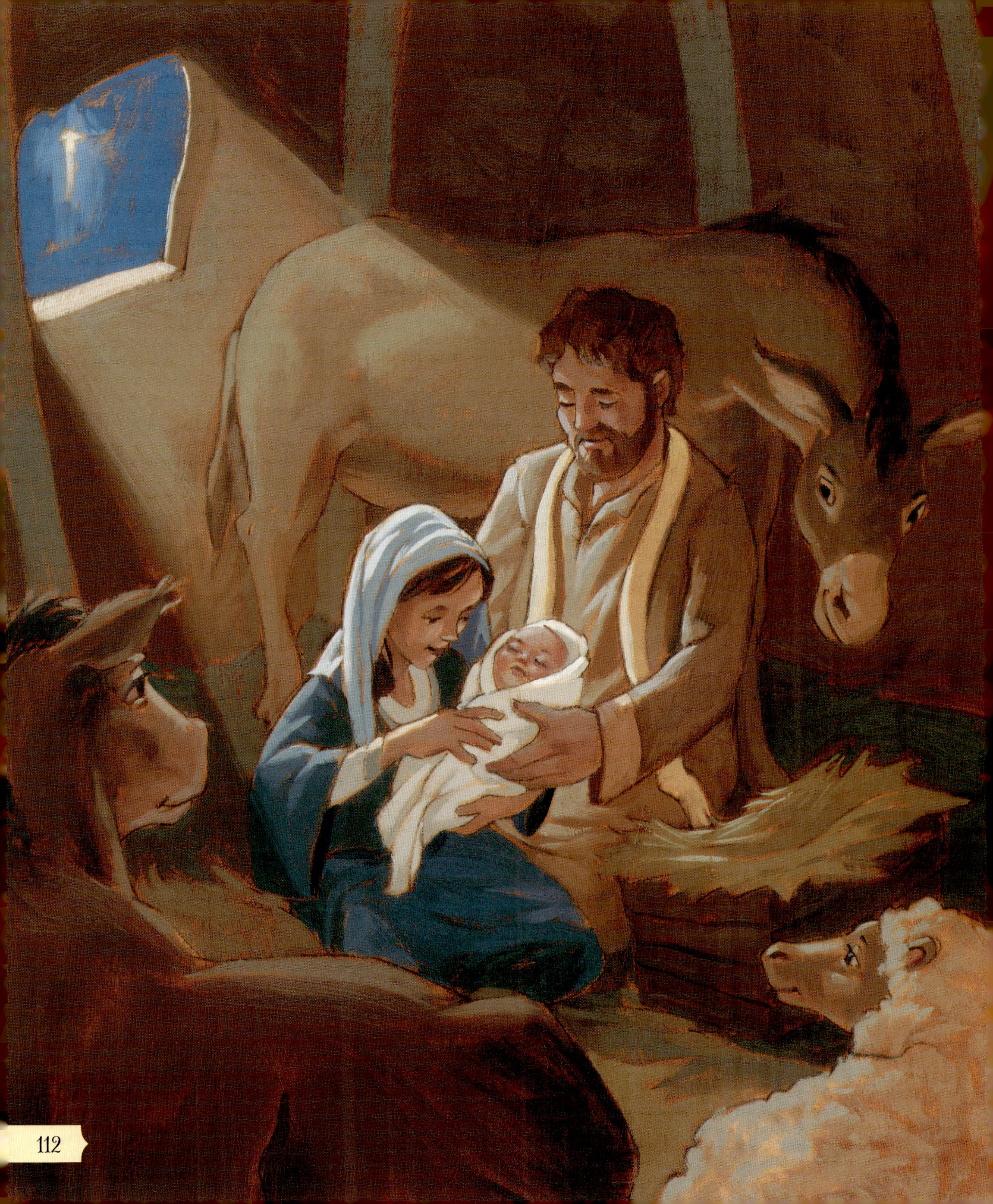

¡Nace el bebé Jesús!

Pasajes bíblicos seleccionados de Lucas 2 (PDT)

En esos días el emperador Augusto ordenó que se levantara un censo de todo el mundo habitado. Por lo tanto, cada uno tenía que ir a inscribirse a su propio pueblo.

José también salió del pueblo de Nazaret de Galilea. Se fue a Judea, a Belén, al pueblo del rey David, porque era descendiente de él. Se registró con María, quien estaba comprometida con él. Ella estaba embarazada y mientras estaban allí, llegó el momento de que diera a luz. Al nacer su hijo primogénito, lo envolvió en retazos de tela y lo acostó en el establo, porque no había ningún lugar para ellos en el cuarto de huéspedes.

De Billy Graham

Habría tenido sentido esperar que Dios abriera los cielos y descendiera a la tierra en majestad y poder en esa primera noche de Navidad, pero no lo hizo.

En su lugar, en esa tranquila noche en Belén, una madre virgen acostó a su lloroso bebé recién nacido en un pesebre diseñado para alimentar al ganado. Las vacas que mugían, el oloroso heno y el cielo oscuro iluminado por una magnífica estrella fueron el escenario.

Los humildes pastores se unieron al esposo carpintero a fin de presenciar el milagro y alabar a Dios por lo que hacía. El nacimiento de Jesucristo, el Hijo de Dios, nuestro Salvador, pasó inadvertido para la gran mayoría del mundo en esa primera noche de Navidad, pero ningún caso en la historia humana fue más significativo. Dios permita que su nacimiento, y todo lo que significa, ¡no pase inadvertido en nuestras vidas!

Una sorpresa para algunos pastores

Pasajes bíblicos seleccionados de Lucas 2 (NVI®)

En esa misma región había unos pastores que pasaban la noche en el campo, turnándose para cuidar sus rebaños. Sucedió que un ángel del Señor se les apareció. La gloria del Señor los envolvió en su luz, y se llenaron de temor. Pero el ángel les dijo: «No tengan miedo. Miren que les traigo buenas noticias que serán motivo de mucha alegría para todo el pueblo. Hoy les ha nacido en la ciudad de David un Salvador, que es Cristo el Señor. Esto les servirá de señal: Encontrarán a un niño envuelto en pañales y acostado en un pesebre».

De repente apareció una multitud de ángeles del cielo, que alababan a Dios. Así que [los pastores] fueron de prisa y encontraron a María y a José, y al niño que estaba acostado en el pesebre. Los pastores regresaron glorificando y alabando a Dios por lo que habían visto y oído, pues todo sucedió tal como se les había dicho.

De Billy Graham

El primer servicio de adoración de Navidad no tuvo lugar en un templo ni en una catedral, sino al aire libre. Las Buenas Nuevas del nacimiento de Cristo se hicieron eco en el cielo mientras el ángel del Señor les hablaba a los humildes pastores.

¿Te resulta extraño que los ángeles no se le aparecieron a los sacerdotes, los eruditos, ni a los fariseos? La razón es clara: Dios habla a quienes están dispuestos en sus corazones para escuchar. Al parecer, esos humildes pastores estaban listos y, por lo tanto, eran capaces de escuchar la voz del cielo por encima del ruido de la confusión de la tierra. Tú no tienes que ser importante para la gente a fin de ser importante para Dios.

La visita de los sabios

Pasajes bíblicos seleccionados de Mateo 2 (RVC)

Jesús nació en Belén en los tiempos del rey Herodes. En aquel tiempo, unos sabios que venían desde el oriente llegaron a Jerusalén y preguntaron: «¿Dónde está el rey de los judíos, que ha nacido? Porque hemos visto su estrella en el oriente, y venimos a adorarlo».

El rey Herodes se turbó por el nacimiento de otro rey. Herodes envió a los sabios a Belén, diciéndoles que volvieran con la información sobre dónde estaba con exactitud este nuevo rey. Herodes les dijo que también quería adorar al rey, pero quería destruirlo en realidad.

La estrella que [los sabios] habían visto en el oriente iba delante de ellos, hasta que se detuvo sobre el lugar donde estaba el niño. Al ver la estrella, se regocijaron mucho. Cuando entraron en la casa, vieron al niño con su madre María y, postrándose ante él, lo adoraron.

Luego, abrieron sus tesoros y le ofrecieron oro, incienso y mirra. Pero como en sueños se les advirtió que no volvieran a donde estaba Herodes, regresaron a su tierra por otro camino.

De Billy Graham

Jesús vino al mundo para salvar a todo tipo de personas: ricos y pobres, blancos y negros, educados y analfabetos, refinados y comunes, y cualquiera en el medio.

Sin embargo, solo dos grupos de personas se reunieron para honrar a Jesús cuando nació. Uno fue el de los pastores: humildes, en lo más bajo de la escala social, sin educación, poco refinados. El otro grupo fue el de los sabios: intelectuales, de otro país y raza, ricos, respetados. ¡No podían haber sido más diferentes!

Al reunir a ambos grupos para ver a Jesús, uno por un anuncio angelical y el otro por la aparición de una estrella milagrosa, Dios nos decía que Jesús es el Salvador para todos.

El Niño Jesús en el Templo

Pasajes bíblicos seleccionados de Lucas 2 (RVC)

[Jesús] crecía y se fortalecía, y se llenaba de sabiduría, y la gracia de Dios reposaba en él.

Cuando Jesús tenía doce años, su familia y muchos amigos fueron a Jerusalén para celebrar la Pascua como lo hacían todos los años. En el viaje de regreso, María y José pensaron que Jesús estaba con sus amigos o familiares, pero al final del primer día de viaje, no lo encontraron cuando lo buscaron. María y José regresaron a Jerusalén.

Tres días después lo hallaron en el templo, sentado en medio de los doctores de la ley, a quienes escuchaba y les hacía preguntas. Todos los que lo oían se asombraban de su inteligencia y de sus respuestas. [María y José] se sorprendieron; y su madre le dijo: «Hijo, ¿por qué nos has hecho esto? ¡Con qué angustia tu padre y yo te hemos estado buscando!».

Él les respondió: «¿Y por qué me buscaban? ¿Acaso no sabían que es necesario que me ocupe de los negocios de mi Padre?».

Entonces, la familia regresó a Nazaret.

Y Jesús siguió creciendo en sabiduría y en estatura, y en gracia para con Dios y con los hombres.

De Billy Graham

Si a Jesús le pareció importante estar en la casa de Dios, aprender más acerca de la Palabra de Dios, ¿no debería ser igual para nosotros? Dios quiere que crezcamos en nuestra fe, y una de las maneras en que podemos hacerlo es pasando tiempo y adorando con otros creyentes.

Jesús dijo que tenía que ocuparse «de los negocios de [su] Padre», y nosotros debemos hacerlo también. Dios puede usar la predicación de su Palabra y el tiempo que pases con otros cristianos para ayudarte a lograrlo y seas más como Cristo.

El bautismo de Jesús

Pasajes bíblicos seleccionados de Mateo 3 (NBD)

Se presentó Juan el Bautista predicando en el desierto de Judea. Decía: «Arrepiéntanse, porque el reino de los cielos está cerca».

La ropa de Juan estaba hecha de pelo de camello. Llevaba puesto un cinturón de cuero y se alimentaba de langostas y miel silvestre.

La gente venía de lugares lejanos para ver a Juan, confesar sus pecados y ser bautizados.

Al ver que muchos fariseos y saduceos llegaban adonde él estaba bautizando, les advirtió: «Yo los bautizo con agua para que se arrepientan. Pero el que viene después de mí es más poderoso que yo, y ni siquiera merezco llevarle las sandalias. Él los bautizará con el Espíritu Santo y con fuego».

Juan se sorprendió cuando Jesús vino a él para que lo bautizara.

Juan trató de disuadirlo.

—Yo soy el que necesita ser bautizado por ti, ¿y tú vienes a mí?

Jesús insistió, recordándole a Juan que los profetas dijeron que sucedería esto.

Tan pronto como Jesús fue bautizado, subió del agua. En ese momento se abrió el cielo, y él vio al Espíritu de Dios bajar como una paloma y posarse sobre él. Y una voz del cielo decía: «Éste es mi Hijo amado; estoy muy complacido con él».

De Billy Graham

Desde el principio, la tarea de Juan era preparar a las personas para conocer a Jesús. Así que cuando Jesús vino a Juan, este le dijo a la multitud que siguiera a Jesús y lo pusiera en primer lugar. Juan dijo: «Él debe tener cada vez más importancia y yo, menos» (Juan 3:30, NTV).

Solo Jesús era el Hijo de Dios, enviado del cielo como el sacrificio final de Dios por nuestros pecados. Más tarde, Él les dijo a sus discípulos: «Crean en Dios y crean también en mí» (Juan 14:1, DHH). Si creemos en lo que hizo Dios y en lo que dijo, creeremos en el que envió Dios.

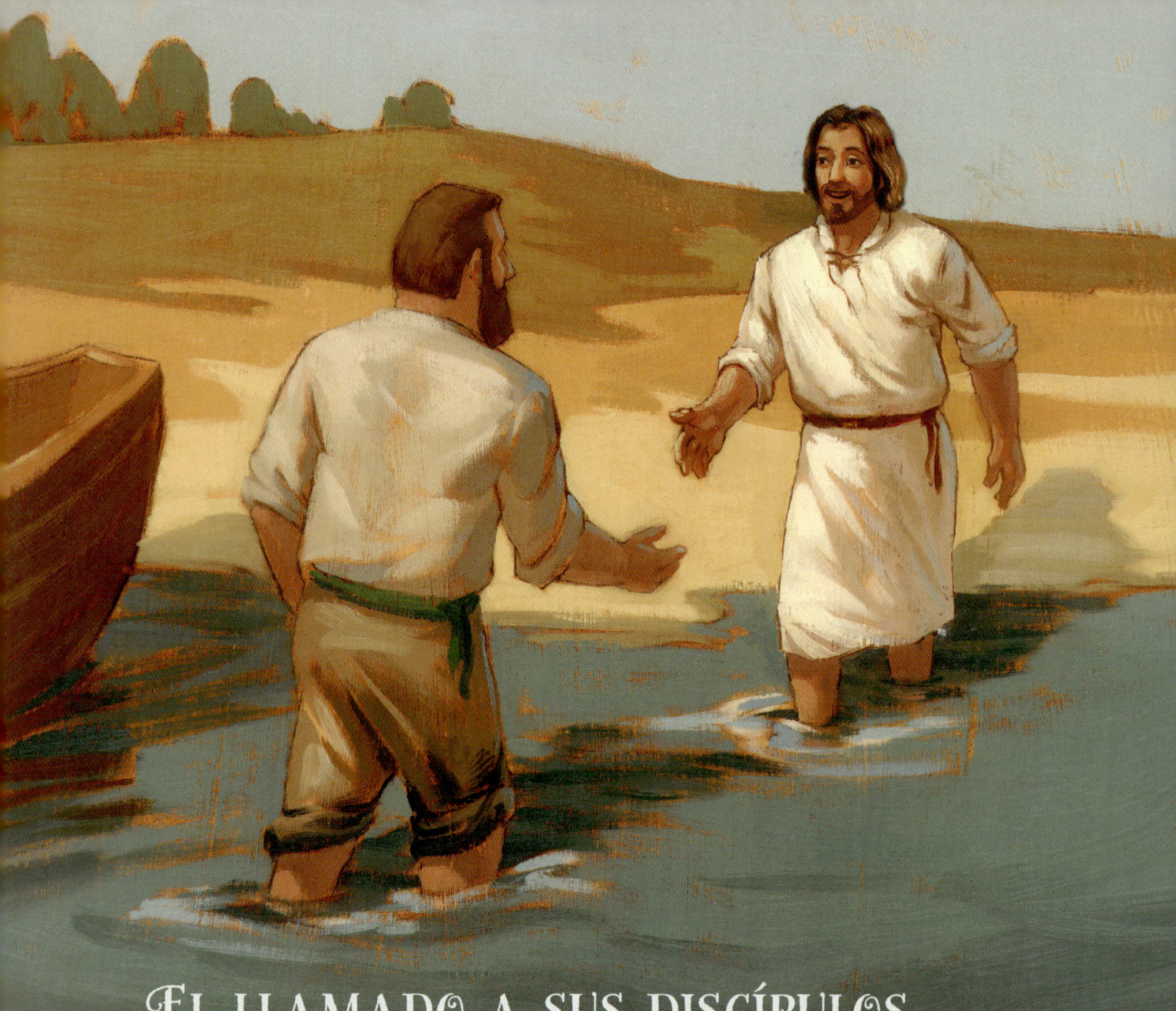

El llamado a sus discípulos

Pasajes bíblicos seleccionados de Mateo 4, 9–11 (RVC)

Jesús comenzó a predicar, y decía: «Arrepiéntanse, porque el reino de los cielos se ha acercado».

Mientras Jesús caminaba junto al lago de Galilea, vio a dos hermanos, Simón, llamado Pedro, y Andrés, que estaban echando la red al agua, pues eran pescadores. Jesús les dijo: «Síganme, y yo haré de ustedes pescadores de hombres». Ellos entonces, dejando al instante las redes, lo siguieron.

Un poco más adelante, Jesús vio a otros dos hermanos, Jacobo y Juan, quienes estaban en la barca, junto a su padre, y remendaban sus redes. Jesús los llamó, y ellos, dejando al instante la barca y a su padre, lo siguieron.

Jesús vio a un hombre llamado Mateo, que estaba sentado donde se cobraban los impuestos, y le dijo: «Sígueme». Y Mateo se levantó y lo siguió.

[En otra ocasión,] Jesús dijo: «Lleven mi yugo sobre ustedes, y aprendan de mí, que soy manso y humilde de corazón, y hallarán descanso para su alma».

De Billy Graham

¿Sabes lo que significa ser un discípulo? Un discípulo es un aprendiz.

Un discípulo debe pasar tiempo con su maestro a fin de obtener sabiduría, conocimiento y entendimiento. Sabe que no puede recibirlo de ningún otro modo. Sería como tratar de graduarse de la universidad sin tener que asistir nunca a clases. Es imposible hacerlo.

Todos los que pertenecemos a Cristo somos sus discípulos. No podemos pasar tiempo en persona con Jesús como los primeros discípulos. Aun así, podemos escucharlo hablar y aprender de Él de igual manera al leer lo que dijo cuando estuvo aquí, hablando con Él a través de la oración y obedeciendo sus enseñanzas.

Jesús dijo que quien guarda los mandamientos de Dios es quien ama de veras a Dios.

El Sermón del Monte

Pasajes bíblicos seleccionados de Mateo 5–7 (RVC)

Jesús fue por Galilea enseñando en las sinagogas, predicando el evangelio y curando enfermos. Grandes multitudes comenzaron a seguirlo y a escuchar enseñanzas como estas:

«Ustedes han oído que fue dicho: "Amarás a tu prójimo, y odiarás a tu enemigo". Pero yo les digo: Amen a sus enemigos, hagan bien a los que los odian.

»Cuando tú des limosna, asegúrate de que tu mano izquierda no sepa lo que hace la derecha; así tu limosna será en secreto, y tu Padre que ve en lo secreto te recompensará en público.

»Cuando ores, no seas como los hipócritas, porque a ellos les encanta orar en pie en las sinagogas y en las esquinas de las calles, para que la gente los vea. Cuando ores, entra en tu aposento, y con la puerta cerrada ora a tu Padre que está en secreto, y tu Padre que ve en lo secreto te recompensará en público.

»Si ustedes perdonan a los otros sus ofensas, también su Padre celestial los perdonará a ustedes. Pero si ustedes no perdonan a los otros sus ofensas, tampoco el Padre de ustedes les perdonará sus ofensas.

»Todo lo que quieran que la gente haga con ustedes, eso mismo hagan ustedes con ellos».

De Billy Graham

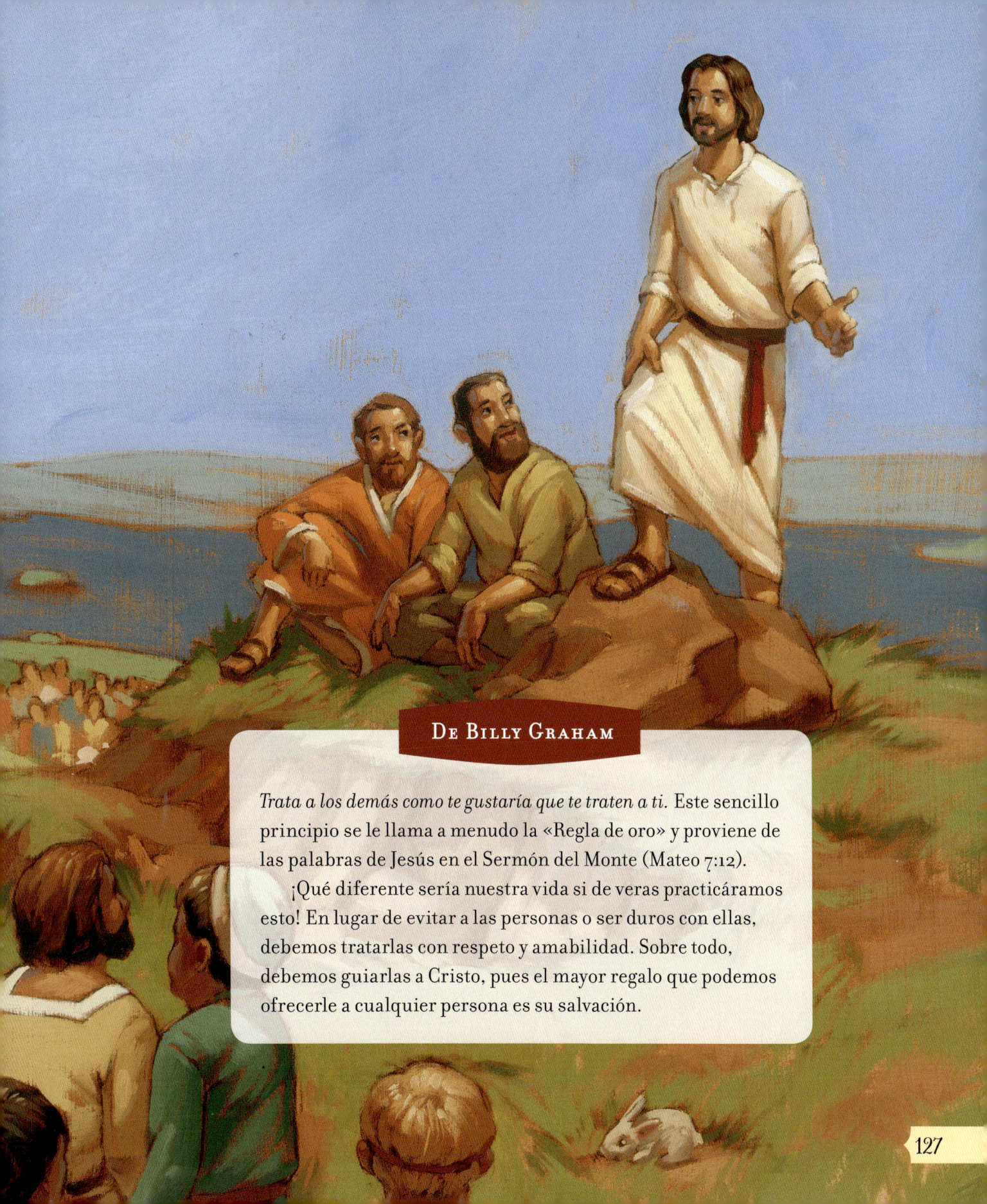

Trata a los demás como te gustaría que te traten a ti. Este sencillo principio se le llama a menudo la «Regla de oro» y proviene de las palabras de Jesús en el Sermón del Monte (Mateo 7:12).

¡Qué diferente sería nuestra vida si de veras practicáramos esto! En lugar de evitar a las personas o ser duros con ellas, debemos tratarlas con respeto y amabilidad. Sobre todo, debemos guiarlas a Cristo, pues el mayor regalo que podemos ofrecerle a cualquier persona es su salvación.

Zaqueo: Un hombre pequeño

Pasajes bíblicos seleccionados de Lucas 19 (NVI®)

Jesús llegó a Jericó y comenzó a cruzar la ciudad. Había allí un hombre llamado Zaqueo, jefe de los recaudadores de impuestos, que era muy rico. Estaba tratando de ver quién era Jesús, pero la multitud se lo impedía, pues era de baja estatura. Por eso se adelantó corriendo y se subió a un árbol para poder verlo.

Llegando al lugar, Jesús miró hacia arriba y le dijo:

—Zaqueo, baja en seguida. Tengo que quedarme hoy en tu casa.

Así que se apresuró a bajar y, muy contento, recibió a Jesús en su casa.

Al ver esto, todos empezaron a murmurar: «Ha ido a hospedarse con un pecador».

Pero Zaqueo dijo resueltamente:

—Mira, Señor: Ahora mismo voy a dar a los pobres la mitad de mis bienes, y si en algo he defraudado a alguien, le devolveré cuatro veces la cantidad que sea.

—Hoy ha llegado la salvación a esta casa —le dijo Jesús—. Porque el Hijo del hombre vino a buscar y a salvar lo que se había perdido.

De Billy Graham

La Biblia está llena de personas de todas formas de vida que cambiaron al conocer a Jesucristo. Zaqueo, un recaudador de impuestos, y no muy honesto en eso, tenía el hábito de engañar a la gente con el dinero, pero cuando conoció a Jesús, todo eso cambió. Se arrepintió y quiso obedecer a Dios.

Antes de conocer a Jesús, Zaqueo no solo era tramposo, sino también estaba solo y triste. Todos lo odiaban y evitaban. Si Jesús hubiera imitado a la multitud, habría evitado a Zaqueo por completo. En cambio, Jesús no le prestó atención a lo que pensaba todo el mundo. Se propuso alcanzar a Zaqueo. Todos, incluso las personas que son apartadas y evitadas, necesitan a Jesús.

¡NO TE PREOCUPES!

Pasajes bíblicos seleccionados de Mateo 6 (NVI®)

«No se preocupen por su vida, qué comerán o beberán; ni por su cuerpo, cómo se vestirán. Fíjense en las aves del cielo: no siembran ni cosechan ni almacenan en graneros; sin embargo, el Padre celestial las alimenta. ¿No valen ustedes mucho más que ellas?

»¿Y por qué se preocupan por la ropa? Observen cómo crecen los lirios del campo. No trabajan ni hilan. Si así viste Dios a la hierba que hoy está en el campo, ¿no hará mucho más por ustedes?

»Así que no se preocupen diciendo: "¿Qué comeremos?" o "¿Qué beberemos?" o "¿Con qué nos vestiremos?". El Padre celestial sabe que ustedes las necesitan. Más bien, busquen primeramente el reino de Dios y su justicia, y todas estas cosas les serán añadidas».

De Billy Graham

Casi todos somos bastante buenos en preocuparnos, ¿verdad?

Sin embargo, cuando vienen las preocupaciones, es útil pensar en las promesas de la Biblia. Dios te ama, y Él nunca te abandonará. Jesús mostró el amor de Dios por nosotros al dar su vida para que pudiéramos vivir para siempre con Él en el cielo.

¿Quiere esto decir que las cosas nunca irán mal o que nunca tendremos ningún problema? ¡Claro que no! Quiere decir que no hay nada que nos suceda que tome por sorpresa a Dios ni que sea demasiado grande para Él. Dios nunca permitirá que nada en tu camino sea demasiado para ti.

Dale gracias a Dios cada día por las bendiciones que tienes. Las preocupaciones desaparecen cuando somos agradecidos. Cuando vengan los problemas, entrégaselos a Dios. Puesto que Dios cuida de las aves más pequeñas, ¿no podemos confiar en que Él cuida de nosotros?

132

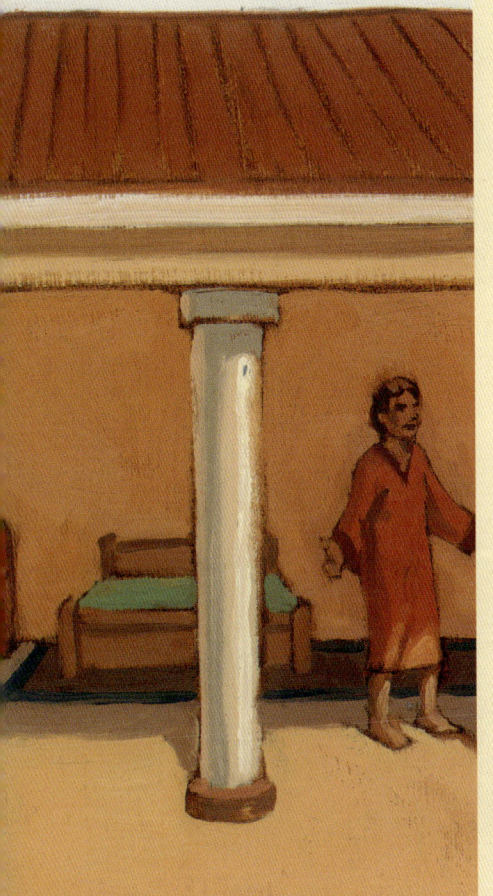

Jesús sana al siervo de un centurión

Pasajes bíblicos seleccionados de Mateo 8 (NVI®)

Al entrar Jesús en Capernaúm, se le acercó un centurión [jefe militar] pidiendo ayuda.

—Señor, mi siervo está postrado en casa con parálisis, y sufre terriblemente.

—Iré a sanarlo —respondió Jesús.

—Señor, no merezco que entres bajo mi techo. Pero basta con que digas una sola palabra, y mi siervo quedará sano. Porque yo mismo soy un hombre sujeto a órdenes superiores, y además tengo soldados bajo mi autoridad. Le digo a uno: "Ve", y va, y al otro: "Ven", y viene. Le digo a mi siervo: "Haz esto", y lo hace.

Al oír esto, Jesús se asombró y dijo a quienes lo seguían:

—Les aseguro que no he encontrado en Israel a nadie que tenga tanta fe.

Luego Jesús le dijo al centurión:

—¡Ve! Todo se hará tal como creíste.

Y en esa misma hora aquel siervo quedó sano.

De Billy Graham

El centurión tenía muchas buenas cualidades, pero Jesús notó en especial su fe: le maravilló. La mejor forma de agradar a Dios es creyendo en su Palabra y teniendo plena confianza en su carácter, en quién es Él. ¿Cuán grande crees que es Dios? Si Dios está limitado, si es que no es todopoderoso ni lo sabe todo, tendríamos derecho a dudar de que Él pudiera traer cosas buenas a nuestra vida. En cambio, ¡Dios no está limitado! Él no es como una computadora sin memoria suficiente. No hay fin a los conocimientos y la sabiduría de Dios, ni a su bondad y poder. ¡Ten plena confianza en tu gran Dios!

134

La alimentación de los cinco mil

Pasajes bíblicos seleccionados de Juan 6 (NTV)

Jesús le había estado enseñando a una gran multitud, y ya casi era la hora de la cena. Jesús les dijo a los discípulos que les dieran de comer, pero ellos le dijeron que no sabían cómo podrían hacerlo; no tenían suficiente dinero para comprarles alimentos a todos.

Entonces habló Andrés, el hermano de Simón Pedro: «Aquí hay un muchachito que tiene cinco panes de cebada y dos pescados. ¿Pero de qué sirven ante esta enorme multitud?».

Jesús dijo: «Díganles a todos que se sienten». Así que todos se sentaron sobre la hierba, en las laderas. (Solo contando a los hombres sumaban alrededor de cinco mil). Luego Jesús tomó los panes, dio gracias a Dios y los distribuyó entre la gente. Después hizo lo mismo con los pescados. Y todos comieron cuanto quisieron. Una vez que quedaron satisfechos, Jesús les dijo a sus discípulos: «Ahora junten lo que sobró, para que no se desperdicie nada». Entonces ellos juntaron las sobras y llenaron doce canastos con los restos que la multitud había dejado después de comer.

De Billy Graham

Los discípulos no podían saber lo que haría Jesús con solo cinco panes y dos pescados. La Biblia nos dice que todos en la multitud comieron hasta llenarse, y nada más los hombres eran cinco mil.

Jesús solo tenía una pequeña cantidad de comida, pero en sus manos Dios la multiplicó y se convirtió en un gran festín para la multitud. Así mismo, Dios es capaz de tomar las pocas cosas que tenemos, como nuestros talentos o confianza, y usarlos para lograr sus propósitos, si se los dedicamos a Él.

Cuando se camina sobre las aguas

Pasajes bíblicos seleccionados de Mateo 14 (NVT®)

Los discípulos subieron a una barca mientras Jesús pasaba un tiempo a solas en oración.

En la madrugada, Jesús se acercó a ellos caminando sobre el lago. Cuando los discípulos lo vieron caminando sobre el agua, quedaron aterrados.

—¡Es un fantasma! —gritaron de miedo.

Pero Jesús les dijo en seguida:

—¡Cálmense! Soy yo. No tengan miedo.

—Señor, si eres tú —respondió Pedro—, mándame que vaya a ti sobre el agua.

—Ven —dijo Jesús.

Pedro bajó de la barca y caminó sobre el agua en dirección a Jesús. Pero al sentir el viento fuerte, tuvo miedo y comenzó a hundirse. Entonces gritó:

—¡Señor, sálvame!

En seguida Jesús le tendió la mano y, sujetándolo, lo reprendió:

—¿Por qué dudaste?

Cuando subieron a la barca, se calmó el viento. Y los que estaban en la barca adoraron [a Jesús] diciendo:

—Verdaderamente tú eres el Hijo de Dios.

137

De Billy Graham

Jesús vivía en un pequeño país y nunca fue más allá de sus fronteras. Era tan pobre que dijo que no tenía dónde recostar su cabeza. Se montó en el burro de otro hombre. Cruzó el lago en la barca de otro hombre. Lo enterraron en la tumba de otro hombre.

Nunca escribió un libro. No obstante, si se juntaran todas las palabras que se han escrito sobre Él, llenaríamos mil bibliotecas.

Nunca fundó un colegio. Sin embargo, sus enseñanzas han durado más de dos mil años.

Nunca llevaba una espada ni organizó un ejército. Sin embargo, fundó un imperio, y millones morirían por Él hoy.

Como dijeron los discípulos, Él es verdaderamente el Hijo de Dios. ¡Alabado sea su nombre!

La historia de Jesús del hijo pródigo

Pasajes bíblicos seleccionados de Lucas 15 (PDT)

Jesús dijo: «Había un hombre que tenía dos hijos. El menor le dijo: "Padre, quiero que me des ahora la parte de tus posesiones que sería mi herencia". Entonces dividió entre sus dos hijos todo lo que tenía. No mucho tiempo después, el hijo menor recogió todo lo suyo y se fue a un país lejano. Estando en ese país, malgastó todo su dinero. Cuando ya había gastado todo, hubo una escasez de comida en ese país, y él empezó a pasar necesidad. Buscó trabajo alimentando a los cerdos. El hijo tenía tanta hambre que hasta quería comer lo que comían los cerdos, pero nadie le daba nada. Finalmente cayó en cuenta y se dijo: "¡Todos los trabajadores de mi padre tienen suficiente comida, y yo estoy aquí muriéndome de hambre! Iré a la casa de mi padre, y le diré: 'Padre, he pecado contra Dios y contra ti. Ya no merezco llamarme tu hijo; déjame ser como uno de tus trabajadores'". Entonces el hijo regresó a la casa de su padre.

»Mientras el hijo todavía estaba muy lejos de casa, su padre lo vio y tuvo compasión de él. Salió corriendo a su encuentro y le dio la bienvenida con besos y abrazos. El hijo le dijo: "Padre, he pecado contra Dios y contra ti. No merezco llamarme tu hijo". Pero el padre les dijo a sus siervos: "Vístanlo con la mejor ropa. También pónganle un anillo y sandalias. Maten el mejor ternero y prepárenlo. ¡Celebremos y comamos! Mi hijo estaba perdido y ha sido encontrado". Y empezaron la fiesta.

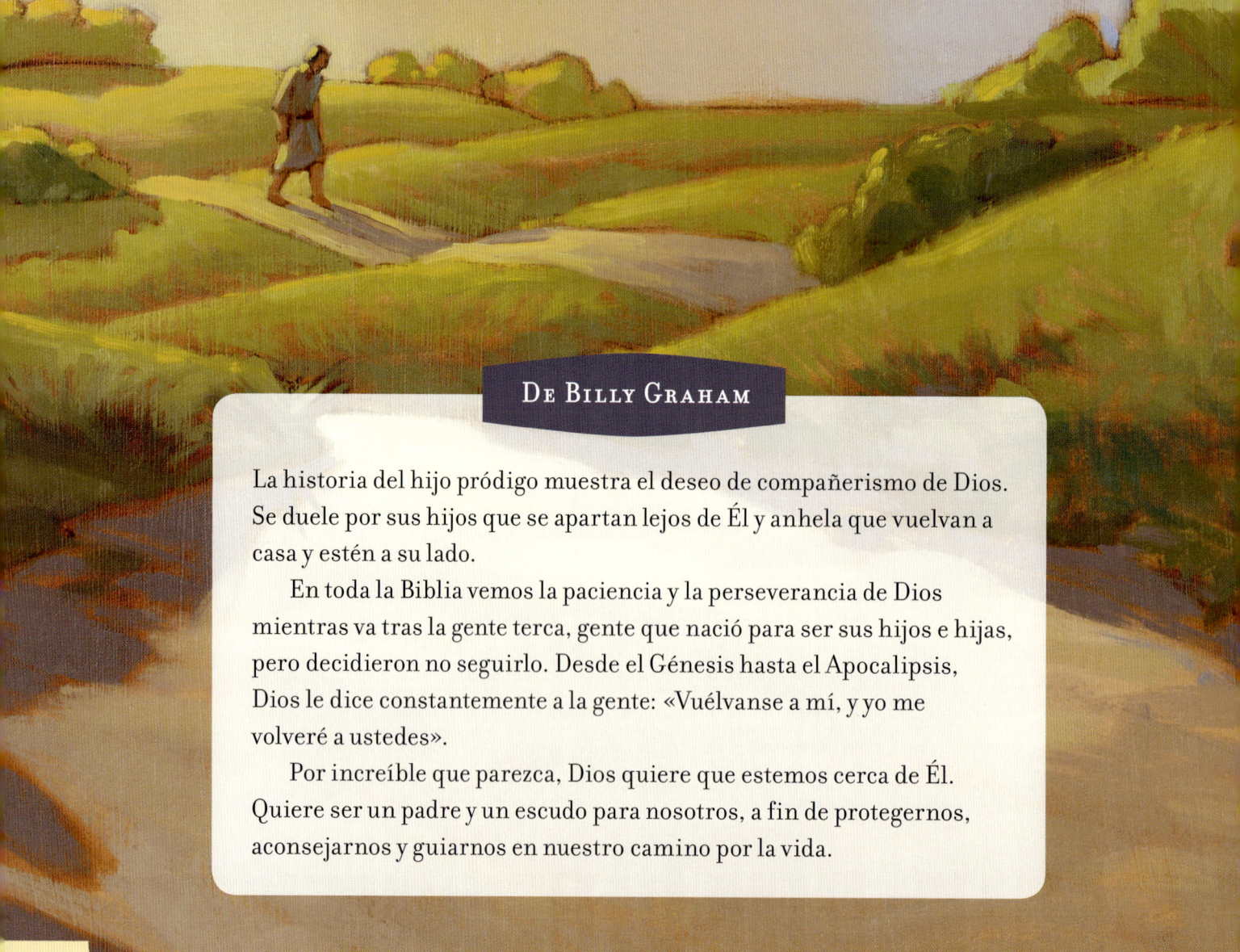

De Billy Graham

La historia del hijo pródigo muestra el deseo de compañerismo de Dios. Se duele por sus hijos que se apartan lejos de Él y anhela que vuelvan a casa y estén a su lado.

En toda la Biblia vemos la paciencia y la perseverancia de Dios mientras va tras la gente terca, gente que nació para ser sus hijos e hijas, pero decidieron no seguirlo. Desde el Génesis hasta el Apocalipsis, Dios le dice constantemente a la gente: «Vuélvanse a mí, y yo me volveré a ustedes».

Por increíble que parezca, Dios quiere que estemos cerca de Él. Quiere ser un padre y un escudo para nosotros, a fin de protegernos, aconsejarnos y guiarnos en nuestro camino por la vida.

141

Una bendición para los niños

Pasajes bíblicos seleccionados de Marcos 10 (NTV)

Cierto día, algunos padres llevaron a sus niños a Jesús para que los tocara y los bendijera, pero los discípulos regañaron a los padres por molestarlo. Cuando Jesús vio lo que sucedía, se enojó con sus discípulos y les dijo: «Dejen que los niños vengan a mí. ¡No los detengan! Pues el reino de Dios pertenece a los que son como estos niños. Les digo la verdad, el que no reciba el reino de Dios como un niño nunca entrará en él». Entonces tomó a los niños en sus brazos y después de poner sus manos sobre la cabeza de ellos, los bendijo.

De Billy Graham

Jesús recibió a los niños que se agrupaban a su alrededor. Les dijo a los discípulos que no les impidieran a los niños venir a Él, porque el reino de Dios está lleno de personas que son como ellos (Mateo 19:14). Su sinceridad, su entusiasmo, su confianza... todo esto le agradaba a Jesús, ¡al igual que tú le agradas a Él! No importa la edad que tengamos, Dios quiere que nuestra fe sea igual que la de los niños pequeños.

Las monedas de la viuda

Pasajes bíblicos seleccionados de Lucas 21 (NTV)

Mientras Jesús estaba en el templo, observó a los ricos que depositaban sus ofrendas en la caja de las ofrendas. Luego pasó una viuda pobre y echó dos monedas pequeñas.

«Les digo la verdad —dijo Jesús—, esta viuda pobre ha dado más que todos los demás. Pues ellos dieron una mínima parte de lo que les sobraba, pero ella, con lo pobre que es, dio todo lo que tenía».

De Billy Graham

Dos cosas suceden cuando damos. En primer lugar, Dios quiere ayudarnos a tener la actitud de que lo que tenemos no es nuestro en realidad. Todo lo que tenemos le pertenece a Dios.

En segundo lugar, cuando damos, suplimos las necesidades de otras personas que Dios ama también. Al darles a los demás mostramos el amor de Dios por ellos. Así que dar no solo se convierte en una manera de satisfacer las necesidades de las personas, sino también en una manera de hablarle a la gente acerca del amor de Dios y su mayor regalo, su Hijo, el Señor Jesucristo.

La entrada a Jerusalén
Pasajes bíblicos seleccionados de Mateo 21 (RVC)

Cuando se acercaban a Jerusalén, Jesús envió a dos de sus discípulos, y les dijo: «Vayan a la aldea que tienen ante ustedes. Allí encontrarán una burra atada, junto con un burrito; desátenla y tráiganmelos».

Los discípulos fueron, e hicieron tal y como Jesús les mandó: trajeron la burra y el burrito, pusieron sobre ellos sus mantos, y él se sentó encima. La multitud, que era muy numerosa, tendía sus mantos en el camino, y otros cortaban ramas de los árboles y las tendían en el camino. Tanto los que iban delante como los que iban detrás lo aclamaban y decían: «¡Hosanna al Hijo de David! ¡Bendito el que viene en el nombre del Señor! ¡Hosanna en las alturas!». Cuando Jesús entró en Jerusalén, todos en la ciudad se conmocionaron, y decían: «¿Quién es éste?». La multitud decía: «Éste es Jesús, el profeta de Nazaret de Galilea».

De Billy Graham

Mientras las personas gritaban: «¡Hosanna!», Jesús sabía que al poco tiempo gritarían: «¡Crucifícalo!». Podría haber dado marcha atrás, pero en su lugar siguió adelante, hacia la cruz.

Jesús vino al mundo para que podamos saber que Dios nos ama, y que nos hicieron para conocerlo y amarlo. Él vino a cerrar la brecha que nos separaba de nuestro Creador.

Cada vez que Jesús alimentaba a los hambrientos, era como si dijera: «Te amo y quiero cuidar de ti». Cada vez que sanaba a alguien, era como si dijera: «Me duele verte sufrir y quiero ayudarte». Todo lo que hizo, incluyendo la elección de la cruz, mostró que Él vino para acercarnos a nuestro amoroso Padre en el cielo.

147

La Última Cena

Pasajes bíblicos seleccionados de Marcos 14 (NTV)

Cuando los discípulos de Jesús le preguntaron dónde debían preparar la Pascua (una fiesta judía anual para recordar que Dios liberó a su pueblo de la esclavitud en Egipto), Él les dio instrucciones específicas.

Entonces los discípulos entraron en la ciudad y encontraron todo como Jesús les había dicho y allí prepararon la cena de Pascua.

Por la noche, Jesús llegó con los Doce. Mientras estaban a la mesa, comiendo, Jesús dijo: «Les digo la verdad, uno de ustedes que está aquí comiendo conmigo me traicionará».

Ellos, muy afligidos, le preguntaron uno por uno: «¿Seré yo?».

Él contestó: «Es uno de ustedes doce que come de este plato conmigo».

Mientras comían, Jesús tomó un poco de pan y lo bendijo. Luego lo partió en trozos, lo dio a sus discípulos y dijo: «Tómenlo, porque esto es mi cuerpo».

Y tomó en sus manos una copa de vino y dio gracias a Dios por ella. Se la dio a ellos, y todos bebieron de la copa. Y les dijo: «Esto es mi sangre, la cual confirma el pacto entre Dios y su pueblo. Es derramada como sacrificio por muchos».

Luego cantaron un himno y salieron al monte de los Olivos.

De Billy Graham

Un día en Escocia, mientras se celebraba la comunión en una iglesia, el pan y la copa llegaron hasta una niña de dieciséis años. Ella dudó, pensando que no podía recibirla. Sin embargo, John Duncan, un famoso teólogo, se le acercó, le tocó el hombro y le dijo con dulzura: «¡Tómala, niña, es para los pecadores!».

La comunión está relacionada con la cruz. En la Cena del Señor, Jesús se compara con el Cordero que se ofrecía en sacrificio o expiación, y les dijo a sus discípulos y a todos los que creen en Él: «Esto es mi cuerpo, que por ustedes es partido». Lo cual simboliza lo que Él hizo en la cruz. Cuando se ofrece la copa, el énfasis está en el hecho de que su sangre se derramó para la remisión de pecados. El pan y la copa nos recuerdan cómo la muerte de Jesús en la cruz, su cuerpo y su sangre, hacen posible que nos perdonen. Podemos tocarlos, probarlos y verlos. Tenemos el pan y la copa en nuestras manos, pero tenemos a Cristo, y el perdón que Él trae, en nuestros corazones.

La oración en el huerto

Pasajes bíblicos seleccionados de Marcos 14 (NVI®)

Fueron a un lugar llamado Getsemaní, y Jesús les dijo a sus [once] discípulos: «Siéntense aquí mientras yo oro». Se llevó a Pedro, a Jacobo y a Juan, y comenzó a sentir temor y tristeza. «Es tal la angustia que me invade que me siento morir —les dijo—. Quédense aquí y vigilen».

Yendo un poco más allá, se postró en tierra y empezó a orar. «Abba, Padre, todo es posible para ti. No me hagas beber este trago amargo, pero no sea lo que yo quiero, sino lo que quieres tú».

Luego volvió a sus discípulos y los encontró dormidos. «Simón —le dijo a Pedro—, ¿estás dormido? ¿No pudiste mantenerte despierto ni una hora?».

Una vez más se retiró e hizo la misma oración. Cuando volvió, los encontró dormidos otra vez, porque se les cerraban los ojos de sueño. No sabían qué decirle.

Al volver por tercera vez, les dijo: «¿Siguen durmiendo y descansando? ¡Se acabó! Ha llegado la hora».

De Billy Graham

La oración de Jesús en el huerto quizá sea la más maravillosa de todos los tiempos. Primero, pidió no tener que pasar por el sufrimiento de la cruz. Entonces, a renglón seguido, dijo: «No sea lo que yo quiero, sino lo que quieres tú». ¡Qué oración! ¡Qué fortaleza! ¡Qué poder!

Dios quiere estar con nosotros cuando nos enfrentamos a cosas difíciles. Ve a Él cuando necesites ayuda, como lo hizo Jesús. Tal vez no haga desaparecer tus problemas, pero te ayudará a lidiar con ellos y superarlos en su fortaleza.

Dios también conoce nuestro corazón y nuestros verdaderos deseos, y Él sabe lo que es mejor para nosotros. Por eso es que siempre debemos orar por lo que quiere Dios, y no solo por lo que queremos nosotros, como lo hizo Jesús. Tenemos que pedirle a Dios que cambie nuestros corazones para que, más que nada, deseemos lo que Él quiere para nuestras vidas.

El arresto de Jesús

Pasajes bíblicos seleccionados de Marcos 14 y Juan 18 (NVI®)

[Jesús les dijo a sus discípulos:] «El Hijo del hombre va a ser entregado en manos de pecadores. ¡Levántense! ¡Vámonos! ¡Ahí viene el que me traiciona!».
Judas, el que lo traicionaba, conocía aquel lugar, porque muchas veces Jesús se había reunido allí con sus discípulos. Así que Judas llegó al huerto, a la cabeza de un destacamento de soldados y guardias de los jefes de los sacerdotes y de los fariseos. Llevaban antorchas, lámparas y armas.

Jesús, que sabía todo lo que le iba a suceder, les salió al encuentro.

—¿A quién buscan? —les preguntó.

—A Jesús de Nazaret —contestaron.

—Yo soy.

Judas, el traidor, estaba con ellos. Cuando Jesús les dijo: «Yo soy», dieron un paso atrás y se desplomaron.

—¿A quién buscan? —volvió a preguntarles Jesús.

—A Jesús de Nazaret —repitieron.

—Ya les dije que yo soy. Si es a mí a quien buscan, dejen que éstos se vayan.

Entonces los soldados, con su comandante, y los guardias de los judíos, arrestaron a Jesús.

De Billy Graham

En el huerto, mientras Jesús se enfrentaba a lo que estaba a punto de hacer, ningún ángel podría protegerlo de esto ni aliviar su sufrimiento. Era suyo y solo suyo. El Salvador aceptó su sacrificio y llevó sobre sí la culpa de todos nosotros. Los ángeles le habrían ayudado en esa hora, pero Cristo no pidió su ayuda. Lo que decía en realidad Aquel que rechazó la ayuda de los ángeles, era: «Moriré por los pecados de la gente porque la amo mucho».

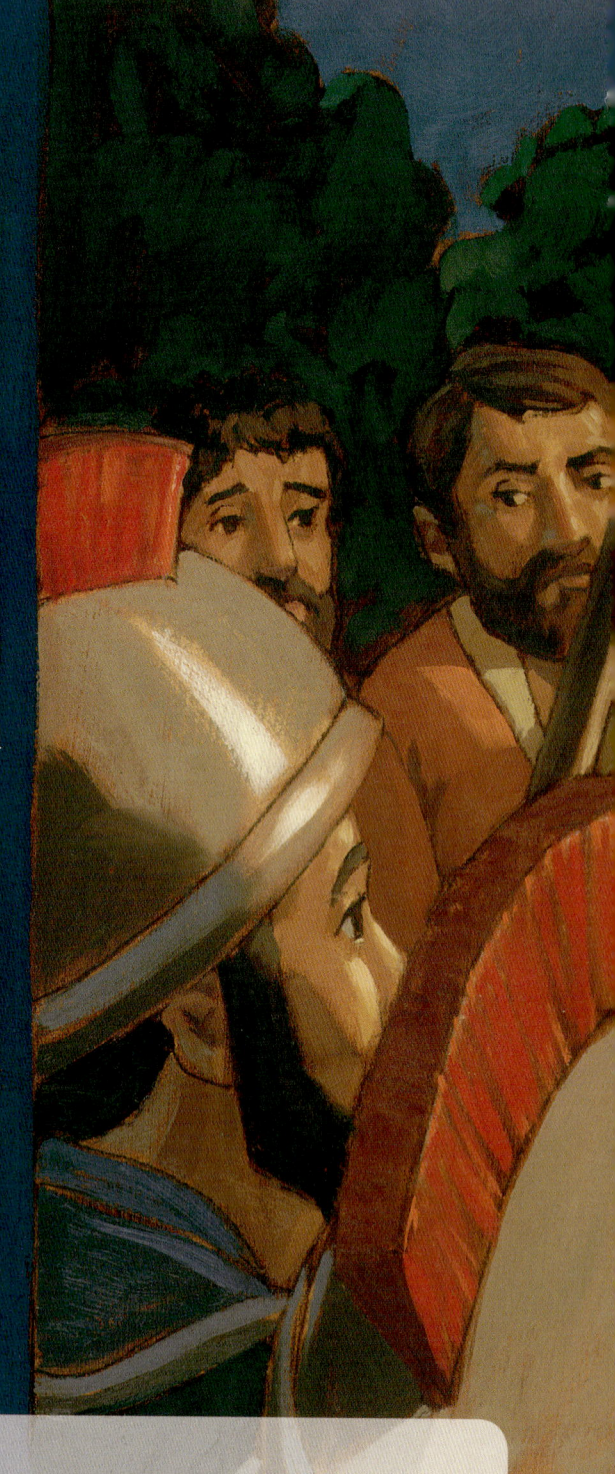

153

Ante Pilato

Pasajes bíblicos seleccionados de Lucas 23 (NTV)

A Jesús lo llevaron ante los jefes de los sacerdotes, los ancianos y los maestros de la ley. Cuando Jesús dijo que Él era el Hijo de Dios, todos dijeron que cometió un grave pecado. Querían que lo ejecutaran, pero el gobernador romano, Poncio Pilato, decidiría lo que iba a ocurrir.

Entonces [la multitud] llevó a Jesús ante Pilato.

Pilato le preguntó:

—¿Eres tú el rey de los judíos?

Jesús contestó:

—Tú lo has dicho.

Entonces Pilato llamó a los principales sacerdotes y a los otros líderes religiosos, junto con el pueblo, y anunció su veredicto: «Este hombre no ha hecho nada que merezca la pena de muerte».

Pero un gran clamor surgió de la multitud, y a una voz la gente gritó: «¡Crucifícalo! ¡Crucifícalo!».

La turba gritó cada vez más fuerte, exigiendo que Jesús fuera crucificado. Y [Pilato] les entregó a Jesús para que hicieran con él como quisieran.

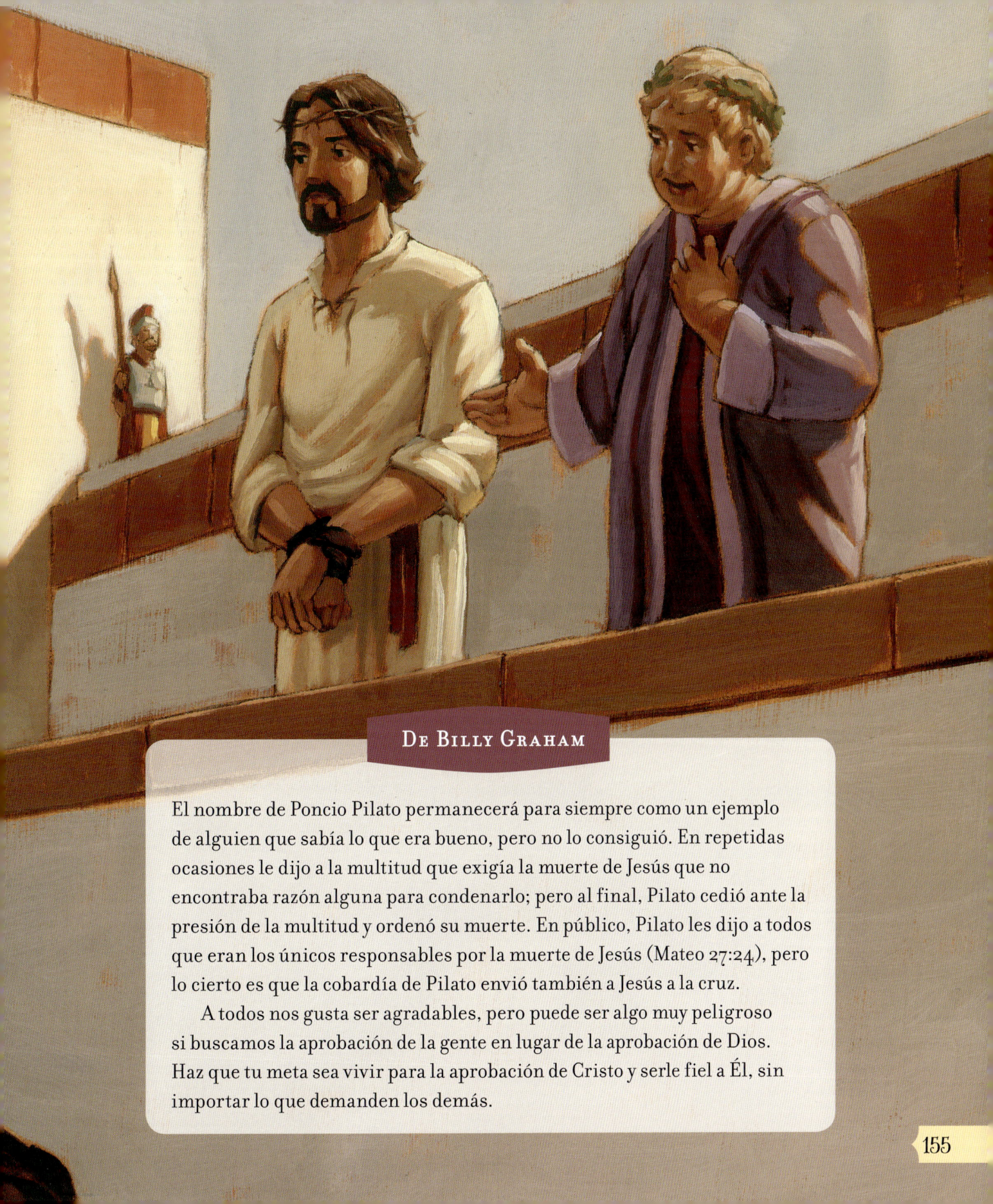

De Billy Graham

El nombre de Poncio Pilato permanecerá para siempre como un ejemplo de alguien que sabía lo que era bueno, pero no lo consiguió. En repetidas ocasiones le dijo a la multitud que exigía la muerte de Jesús que no encontraba razón alguna para condenarlo; pero al final, Pilato cedió ante la presión de la multitud y ordenó su muerte. En público, Pilato les dijo a todos que eran los únicos responsables por la muerte de Jesús (Mateo 27:24), pero lo cierto es que la cobardía de Pilato envió también a Jesús a la cruz.

A todos nos gusta ser agradables, pero puede ser algo muy peligroso si buscamos la aprobación de la gente en lugar de la aprobación de Dios. Haz que tu meta sea vivir para la aprobación de Cristo y serle fiel a Él, sin importar lo que demanden los demás.

La muerte de Jesús

Pasajes bíblicos seleccionados de Lucas 23 (NTV)

Los soldados llevaron a Jesús hasta el monte donde lo ejecutarían a Él y dos criminales. Mientras moría colgado en la cruz, Jesús le pidió a Dios que perdonara a sus asesinos porque, según dijo, no sabían lo que estaban haciendo.

Ya era alrededor del mediodía, y la tierra se llenó de oscuridad hasta las tres de la tarde.

Jesús gritó: «Padre, ¡encomiendo mi espíritu en tus manos!». Y con esas palabras dio su último suspiro.

Cuando el oficial romano encargado de la ejecución vio lo que había sucedido, adoró a Dios y dijo: «Este hombre era inocente de verdad». Y cuando todas las multitudes que habían venido a observar la ejecución vieron lo que había sucedido, regresaron a casa con gran dolor.

Había un hombre bueno y justo llamado José. Era de la ciudad de Judea llamada Arimatea. Fue a Pilato y le pidió el cuerpo de Jesús. Luego bajó el cuerpo de la cruz, lo envolvió en un largo lienzo de lino y lo colocó en una tumba nueva que había sido tallada en la roca.

Mientras llevaban el cuerpo [de Jesús], las mujeres de Galilea iban detrás y vieron la tumba donde lo colocaron.

De Billy Graham

Si Dios fuera el juez y te enjuiciara por tus pecados, podría ser como esto...

DIOS: ¿Tú me has amado con todo tu corazón?

TÚ: No, su Señoría.

DIOS: ¿Has amado a otros como te has amado a ti mismo?

TÚ: No, su Señoría.

DIOS: ¿Crees que eres pecador y que Jesucristo murió por tus pecados?

TÚ: Sí, su Señoría.

DIOS: Entonces, Jesucristo pagó tu culpa en la cruz, y estás perdonado.

¡Jesús está vivo!

Pasajes bíblicos seleccionados de Lucas 24 (NTV)

Las mujeres que vieron dónde estaba enterrado Jesús, fueron a la tumba temprano por la mañana.

Encontraron que la piedra de la entrada estaba corrida a un costado. Entonces entraron, pero no encontraron el cuerpo del Señor Jesús. De pronto aparecieron dos hombres vestidos con vestiduras resplandecientes. Las mujeres quedaron aterradas y se inclinaron rostro en tierra. Entonces los hombres preguntaron: «¿Por qué buscan entre los muertos a alguien que está vivo? ¡[Jesús] no está aquí! ¡Ha resucitado!».

Así que [las mujeres] regresaron corriendo de la tumba a contarles a los once discípulos y a todos los demás lo que había sucedido. A los hombres el relato les pareció una tontería, y no les creyeron. Sin embargo, Pedro se levantó de un salto y corrió a la tumba para ver por sí mismo. Agachándose, miró hacia adentro y vio solo los lienzos de lino, vacíos; luego regresó a la casa, preguntándose qué habría ocurrido.

159

De Billy Graham

En esa primera mañana de Pascua de resurrección, pasó algo nunca antes sucedido en la historia del género humano, y que nunca volverá a pasar: alguien resucitó de entre los muertos, para nunca más morir.

La resurrección demostró más allá de toda duda que Jesús era el Hijo de Dios enviado del cielo para salvarnos de nuestros pecados. Debido a que Él se levantó de entre los muertos, nuestra salvación es segura.

Sin embargo, la resurrección de Jesús también nos dice que hay vida más allá de la tumba. Este mundo no lo es todo; cuando morimos, seguimos viviendo, ya sea con Dios en el lugar de gozo sin fin que la Biblia llama el cielo, o sin Dios en el lugar de la más absoluta oscuridad llamado infierno.

Jesús nos abrió el camino hacia el cielo. Debido a la resurrección de Jesús, se venció a la muerte y nos espera el cielo.

Jesús regresa al cielo

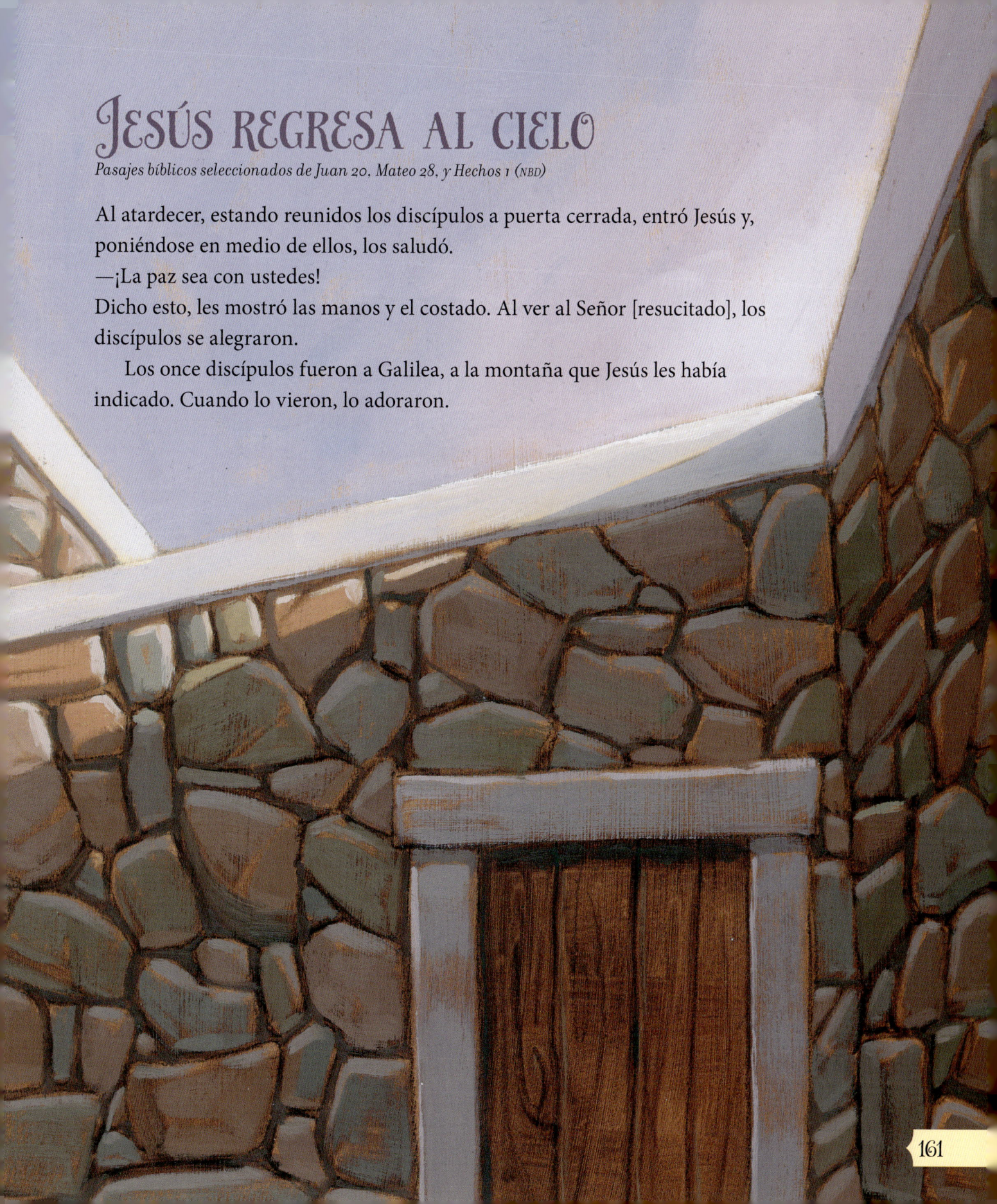

Pasajes bíblicos seleccionados de Juan 20, Mateo 28, y Hechos 1 (NBD)

Al atardecer, estando reunidos los discípulos a puerta cerrada, entró Jesús y, poniéndose en medio de ellos, los saludó.

—¡La paz sea con ustedes!

Dicho esto, les mostró las manos y el costado. Al ver al Señor [resucitado], los discípulos se alegraron.

Los once discípulos fueron a Galilea, a la montaña que Jesús les había indicado. Cuando lo vieron, lo adoraron.

162

Jesús se acercó entonces a ellos y les dijo:

—Vayan y hagan discípulos de todas las naciones, bautizándolos en el nombre del Padre y del Hijo y del Espíritu Santo, enseñándoles a obedecer todo lo que les he mandado a ustedes. Y les aseguro que estaré con ustedes siempre.

[Y Él les dijo a sus discípulos:]

—Cuando venga el Espíritu Santo sobre ustedes, recibirán poder y serán mis testigos tanto en Jerusalén como en toda Judea y Samaria, y hasta los confines de la tierra.

Habiendo dicho esto, mientras ellos lo miraban, fue llevado a las alturas hasta que una nube lo ocultó de su vista.

De Billy Graham

El poder de Satanás y la fuerza del pecado sobre nosotros son reales... pero *por su muerte y resurrección, ¡Cristo venció a Satanás y al pecado!* Satanás hizo lo peor, y durante esas horas oscuras cuando Jesús estaba en la cruz, parecía como si Satanás hubiera ganado. Sin embargo, ¡no fue así! Cristo venció la muerte por su resurrección; la prueba estaba justo delante de los ojos de los discípulos cuando Jesús les mostró sus manos y su costado. Él ganó sobre todas las fuerzas del mal, de la muerte y del infierno.

Por lo tanto, Jesús les dijo a sus seguidores que difundieran el mensaje de su victoria y que hicieran «discípulos de todas las naciones» (Mateo 28:19). Dile a cualquier persona que no haya oído las Buenas Nuevas: Satanás está derrotado, ¡y Cristo es el vencedor!

164

El Don del Espíritu Santo

Pasajes bíblicos seleccionados de Hechos 2 (NVI®)

Cuando llegó el día de Pentecostés, estaban todos [los discípulos] en el mismo lugar. De repente, vino del cielo un ruido como el de una violenta ráfaga de viento y llenó toda la casa donde estaban reunidos. Se les aparecieron entonces unas lenguas como de fuego que se repartieron y se posaron sobre cada uno de ellos. Todos fueron llenos del Espíritu Santo y comenzaron a hablar en diferentes lenguas, según el Espíritu les concedía expresarse.

Estaban de visita en Jerusalén judíos piadosos, procedentes de todas las naciones de la tierra. Al oír aquel bullicio, se agolparon y quedaron todos pasmados porque cada uno los escuchaba hablar en su propio idioma. Desconcertados y maravillados, decían: «¿No son galileos todos estos que están hablando? ¿Cómo es que cada uno de nosotros los oye hablar en su lengua?».

Pedro, con los once, se puso de pie y dijo: «Pueblo de Israel, escuchen esto: Jesús de Nazaret fue un hombre acreditado por Dios ante ustedes con milagros, señales y prodigios, los cuales realizó Dios entre ustedes por medio de él. Ustedes lo mataron, clavándolo en la cruz. Sin embargo, Dios lo resucitó, librándolo de las angustias de la muerte. A este Jesús, a quien ustedes crucificaron, Dios lo ha hecho Señor y Mesías».

Cuando oyeron esto, todos se sintieron profundamente conmovidos.

[Pedro dijo:]

—Arrepiéntase y bautícese cada uno de ustedes en el nombre de Jesucristo para perdón de sus pecados, y recibirán el don del Espíritu Santo.

Así, pues, los que recibieron su mensaje fueron bautizados, y aquel día se unieron a la iglesia unas tres mil personas.

De Billy Graham

El Día de Pentecostés era un momento especial del año para los judíos, y este Pentecostés en particular fue que Dios, por primera vez, concedió el don del Espíritu Santo. Desde entonces, el Espíritu Santo ha vivido en los corazones de todos los verdaderos creyentes.

El Espíritu Santo nos ayuda a ver nuestro pecado y nos guía en el camino que debemos vivir. Él es la fuente de poder que suple nuestras necesidades y nos ayuda cuando somos débiles. Él nos da el poder para ser buenos en realidad y servir a otros.

¡Al gran don del perdón Dios le añade el gran don del Espíritu Santo!

Pedro y Juan realizan un milagro

Pasajes bíblicos seleccionados de Hechos 3–4 (DHH)

Un día, mientras Pedro y Juan iban al templo, un hombre que había estado inválido toda su vida les pidió dinero.

Pedro le dijo:

—No tengo plata ni oro, pero lo que tengo te doy: en el nombre de Jesucristo de Nazaret, levántate y anda.

Dicho esto, Pedro lo tomó por la mano derecha y lo levantó, y en el acto cobraron fuerzas sus pies y sus tobillos. El paralítico se puso en pie de un salto y comenzó a andar; luego entró con ellos en el templo, por su propio pie, brincando y alabando a Dios. Todos los que lo vieron andar y alabar a Dios, se llenaron de asombro y de temor.

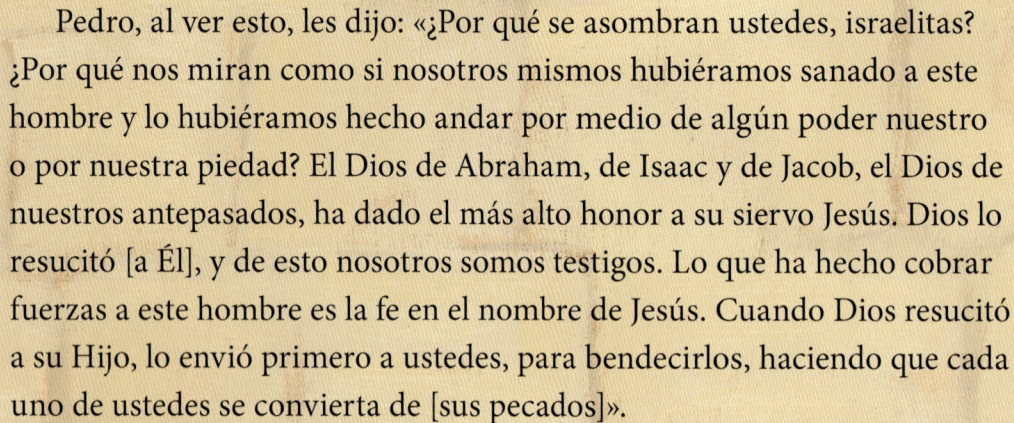

Pedro, al ver esto, les dijo: «¿Por qué se asombran ustedes, israelitas? ¿Por qué nos miran como si nosotros mismos hubiéramos sanado a este hombre y lo hubiéramos hecho andar por medio de algún poder nuestro o por nuestra piedad? El Dios de Abraham, de Isaac y de Jacob, el Dios de nuestros antepasados, ha dado el más alto honor a su siervo Jesús. Dios lo resucitó [a Él], y de esto nosotros somos testigos. Lo que ha hecho cobrar fuerzas a este hombre es la fe en el nombre de Jesús. Cuando Dios resucitó a su Hijo, lo envió primero a ustedes, para bendecirlos, haciendo que cada uno de ustedes se convierta de [sus pecados]».

Muchos de los que habían escuchado el mensaje, creyeron; y el número de creyentes, contando solamente los hombres, llegó a cerca de cinco mil.

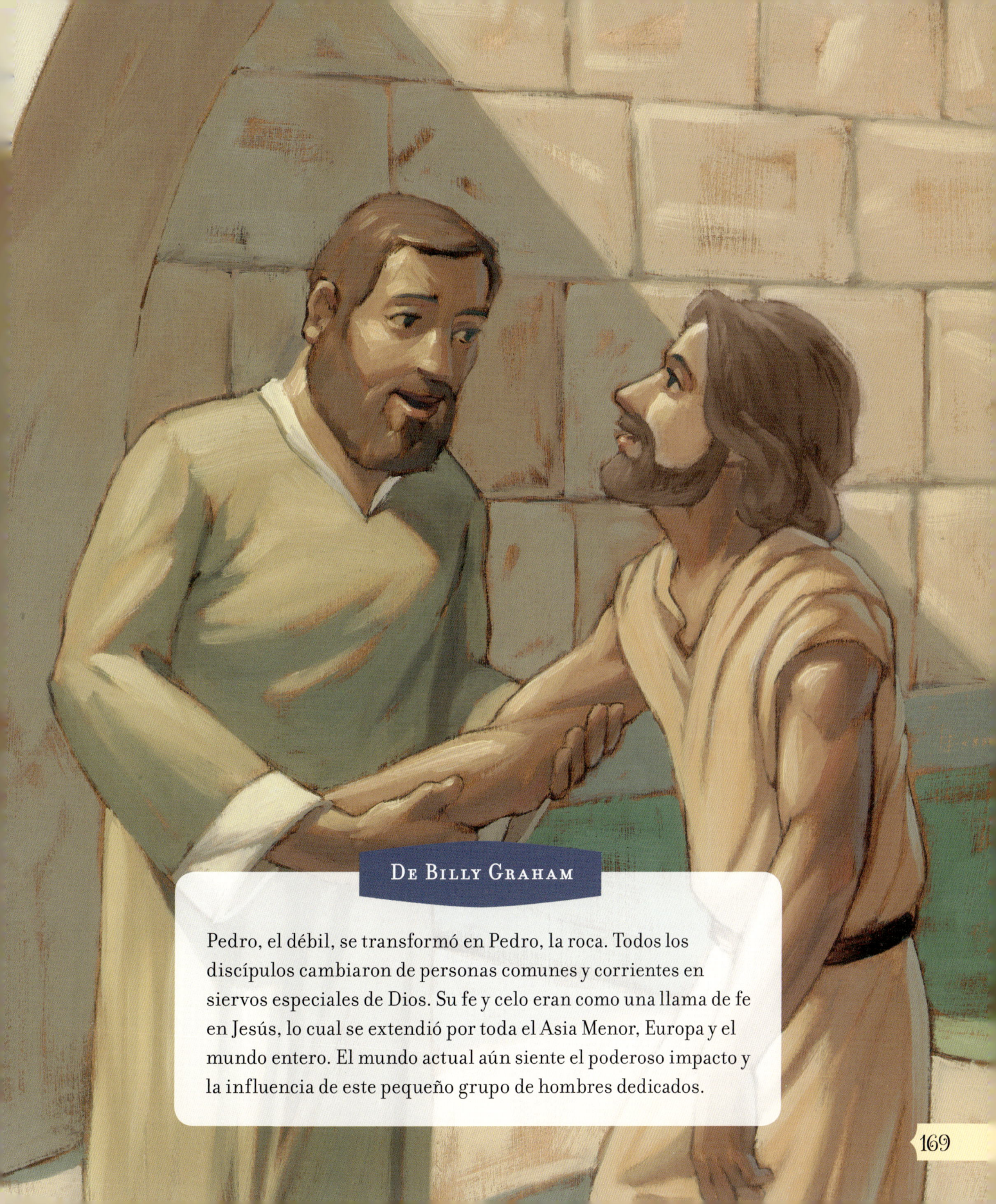

De Billy Graham

Pedro, el débil, se transformó en Pedro, la roca. Todos los discípulos cambiaron de personas comunes y corrientes en siervos especiales de Dios. Su fe y celo eran como una llama de fe en Jesús, lo cual se extendió por toda el Asia Menor, Europa y el mundo entero. El mundo actual aún siente el poderoso impacto y la influencia de este pequeño grupo de hombres dedicados.

La fe de Esteban

Pasajes bíblicos seleccionados de Hechos 6–7 (NTV)

Esteban, un hombre lleno de la gracia y del poder de Dios, hacía señales y milagros asombrosos entre la gente.

El pueblo sentía celos de Esteban, y no sabía qué decir en contra de sus argumentos de que Jesús era el Hijo de Dios. Así que se buscaron hombres que dijeran mentiras acerca de Esteban diciendo: «Nosotros lo oímos blasfemar contra Moisés y hasta contra Dios» (Hechos 6:11).

En ese momento, todos los del Concilio Supremo fijaron la mirada en Esteban, porque su cara comenzó a brillar como la de un ángel.

[Esteban dijo:] «¡Mencionen a un profeta a quien sus antepasados no hayan perseguido! Hasta mataron a los que predijeron la venida [de Jesús], a quien ustedes traicionaron y asesinaron».

Los líderes judíos se enfurecieron por la acusación de Esteban; pero Esteban, lleno del Espíritu Santo, fijó la mirada en el cielo, y vio la gloria de Dios y vio a Jesús de pie en el lugar de honor, a la derecha de Dios. Y les dijo: «¡Miren, veo los cielos abiertos y al Hijo del Hombre de pie en el lugar de honor, a la derecha de Dios!».

Mientras [ellos] lo apedreaban, Esteban oró: «Señor Jesús, recibe mi espíritu». Cayó de rodillas gritando: «¡Señor, no los culpes por este pecado!». Dicho eso, murió.

De Billy Graham

La Biblia enseña que Dios no siempre libra a su pueblo de los tiempos difíciles. Dios no prometió librarnos de problemas, sino que prometió estar con nosotros a través de los problemas.

Esteban era un hombre joven que tenía una gran fe en Dios y estaba lleno del Espíritu Santo (Hechos 6:5). Los enemigos de Jesús lo apedrearon hasta la muerte, pero Esteban tuvo una entrada gozosa en el cielo. Mantente cerca de Dios, y cuando vengan los problemas, tendrás la fuerza para mantenerte firme por Cristo. Sigue dependiendo de Él, pues Él prometió estar contigo en cada paso del camino.

La conversación de Felipe con el viajero

Pasajes bíblicos seleccionados de Hechos 8 (LBLA)

Un ángel del Señor dijo a Felipe que saliera de Jerusalén y fuera a Gaza. Cuando Felipe obedeció, el Espíritu lo dirigió hasta cierto carro donde un etíope leía las Escrituras del profeta Isaías.

Felipe se acercó corriendo, y le dijo: «¿Entiendes lo que lees?». Y él respondió: «¿Cómo podré, a menos que alguien me guíe?».

Entonces Felipe abrió su boca, y le anunció el evangelio de Jesús. Yendo por el camino, llegaron a un lugar donde había agua; y el eunuco dijo: «Mira, agua. ¿Qué impide que yo sea bautizado?».

Felipe dijo: «Si crees con todo tu corazón, puedes».

Respondió él y dijo: «Creo que Jesucristo es el Hijo de Dios».

Y mandó parar el carruaje; ambos descendieron al agua, Felipe y el eunuco, y lo bautizó. Al salir ellos del agua, el Espíritu del Señor arrebató a Felipe; y no lo vio más el eunuco, que continuó su camino gozoso.

De Billy Graham

Jesús murió para salvar a las personas de hasta los rincones más lejanos del mundo; personas que tú y yo nunca conoceremos durante nuestra vida, pero que estarán con Él en el cielo para siempre. «Porque de tal manera amó Dios al mundo, que dio a su Hijo unigénito» (Juan 3:16, LBLA). ¡La salvación de Dios se le ofrece a cada persona en el mundo! Ninguna tribu o nación está fuera del alcance de su amor.

Jesús dice que debemos ayudar a la gente de otros lugares para que se convierta en su seguidora, al igual que Felipe ayudó al etíope. Es posible que algún día viajes a otros países, pues tú puedes ser parte también del gran plan de Dios para llevar a la gente de todos los lugares del mundo hacia Él, justo donde te encuentras hoy. Al orar, obedecer a Dios, ser fiel y servir a los demás, puedes hacer un impacto por el evangelio más allá de tu tierra natal.

Saulo se convierte en creyente

Pasajes bíblicos seleccionados de Hechos 9 (DHH)

La misión de Saulo en la vida era destruir a cualquiera que siguiera a Jesús.

Cuando ya se encontraba cerca de la ciudad de Damasco, una luz que venía del cielo brilló de repente a su alrededor. Saulo cayó al suelo, y oyó una voz que le decía: «Saulo, Saulo, ¿por qué me persigues?».

Saulo preguntó: «¿Quién eres, Señor?».

La voz le contestó: «Yo soy Jesús, el mismo a quien estás persiguiendo».

Saulo se levantó del suelo; pero cuando abrió los ojos, no podía ver. Así que [los que viajaban con él] lo tomaron de la mano y lo llevaron a Damasco. Allí estuvo tres días sin ver, y sin comer ni beber nada.

Dios envió a un hombre llamado Ananías a Saulo. Cuando Ananías habló, Saulo pudo ver de nuevo. Después que Ananías lo bautizó, Saulo se quedó en Jerusalén con los discípulos de Jesús.

[Y] Saulo hablaba del Señor con toda valentía.

De Billy Graham

Cuando vemos por primera vez al apóstol Pablo en la Biblia, se llamaba Saulo, y su misión en la vida era acabar con la fe cristiana. Sin embargo, todo eso cambió cuando conoció al Señor Jesucristo resucitado en el camino a Damasco. Pablo pasó de ser alguien que le hacía daño a la fe cristiana a alguien que predicaba sin temor acerca de Jesús en todo el Imperio romano.

¿Qué le hizo cambiar? En primer lugar, se convenció por completo en que el evangelio era verdad. Jesucristo era el resucitado Hijo de Dios, enviado desde el cielo para salvarnos de nuestros pecados. ¿Cómo Pablo podía guardar silencio respecto a esta gran verdad?

En segundo lugar, Pablo comenzó a ver a las personas como las ve Dios. Ahora las veía como perdidas y confundidas, y como personas por quienes Cristo murió. ¿Qué importancia tiene la verdad del evangelio para ti? ¿Le pides a Dios que te ayude a ver a los demás a través de sus ojos?

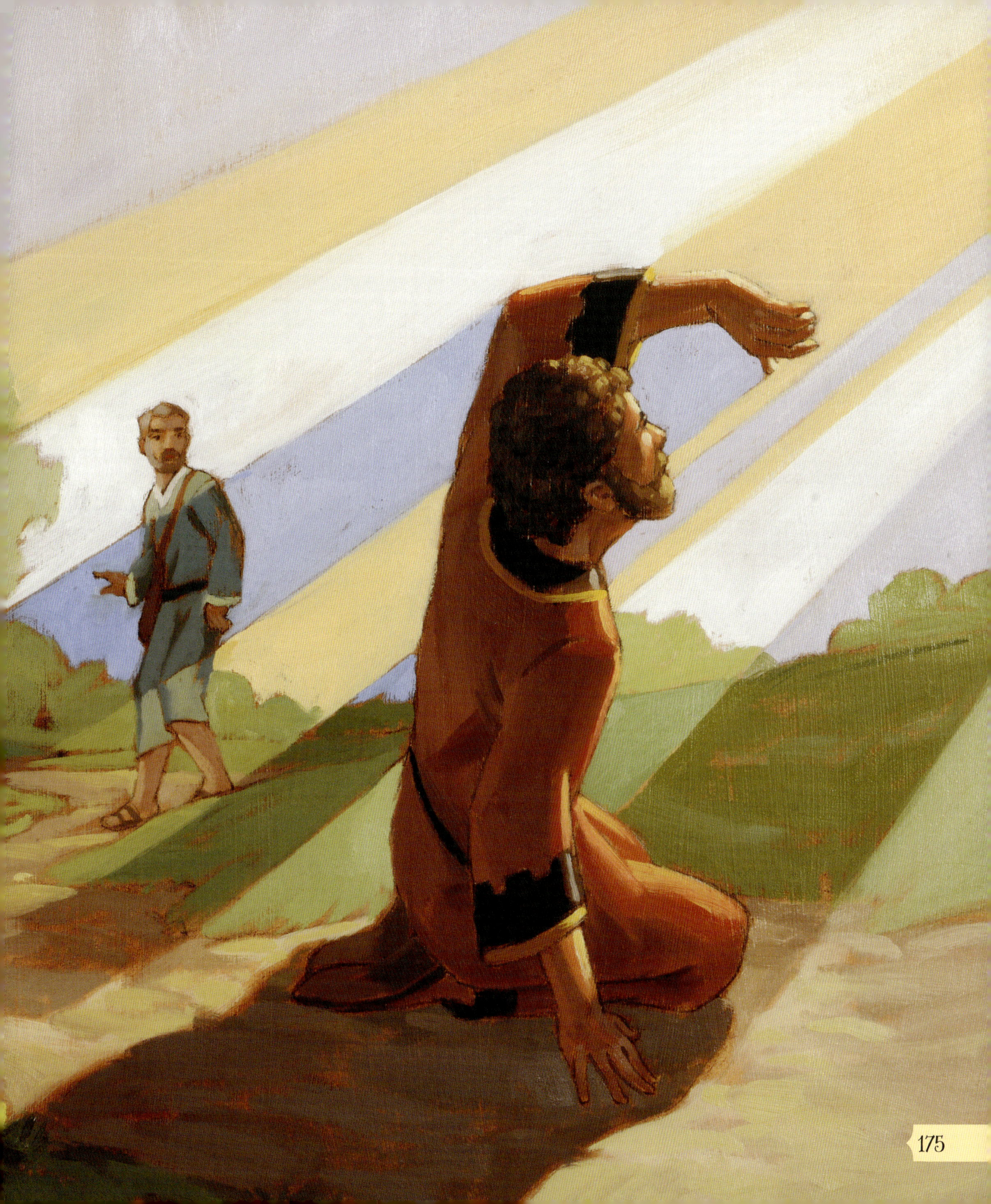

La tarea del ángel para Pedro

Pasajes bíblicos seleccionados de Hechos 10 (NTV)

Un ángel se le apareció a un hombre piadoso llamado Cornelio y le dijo que enviara hombres a Jope para buscar a Simón Pedro. Al día siguiente, cuando Pedro oraba, Dios le enseñó que, a diferencia de las personas que seguían las estrictas leyes judías, la gente que seguía a Jesús podía comer cualquier comida que quisiera. Mientras Pedro pensaba en esta nueva enseñanza, llegaron los hombres de Cornelio.

El Espíritu le dijo [a Pedro]: «Tres hombres han venido a buscarte. Vete con ellos sin titubear, porque yo los he enviado».

Al día siguiente [Pedro] fue con ellos.

Cornelio los estaba esperando y había reunido a sus parientes y amigos cercanos. Pedro les dijo:

—Ustedes saben que va en contra de nuestras leyes que un hombre judío se relacione con gentiles o que entre en su casa; pero Dios me ha mostrado que ya no debo pensar que alguien es impuro. Todo el que cree en [Jesús] se le perdonarán los pecados.

El Espíritu Santo descendió sobre todos los que escuchaban el mensaje. Por lo tanto, dio órdenes de que fueran bautizados en el nombre de Jesucristo.

De Billy Graham

Pedro y Cornelio eran muy diferentes entre sí, pero la Biblia aclara que Dios creó a todos. Jesús ama a todo tipo de personas de cada lugar en el mundo (Apocalipsis 5:9). Así que cuando no amamos a las personas porque son diferentes a nosotros, eso es un pecado a los ojos de Dios. Y esa clase de pecado puede llevar al odio, la ira y la pelea. Ninguno de estos es agradable a Dios. Cuando le entregamos esos sentimientos a Dios, Él puede sustituirlos con su amor.

La piadosa y amable Lidia

Pasajes bíblicos seleccionados de Hechos 16 (RVC)

Pablo y Lucas estaban en Filipos predicando las Buenas Nuevas sobre Jesús.

Un día de reposo salimos de la ciudad y llegamos al río, donde se hacía la oración; allí nos sentamos y trabamos conversación con las mujeres allí reunidas. Entre las que nos oían estaba una mujer llamada Lidia, que vendía telas de púrpura en la ciudad de Tiatira. Lidia adoraba a Dios, y el Señor tocó su corazón para que diera cabida a lo que Pablo decía. Cuando ella y su familia fueron bautizadas, suplicante nos dijo: «Si ustedes consideran que soy fiel al Señor, vengan a mi casa y hospédense allí». Y nos sentimos obligados a quedarnos allí.

Después de un tiempo, Pablo y Silas se fueron, pero más tarde regresaron a esa zona. Se alojaron de nuevo en la casa de Lidia y pasaron tiempo con los cristianos que necesitaban su apoyo.

De Billy Graham

La *generosidad* significa estar dispuesto a compartir lo que tienes y darles buenas cosas a los demás. Para la mayoría de nosotros, esto no es algo que nos nazca con naturalidad, al menos la clase de generosidad que quiere la Biblia que tengamos. Casi todos damos con gusto si pensamos que la causa es digna y sentimos que nos lo podemos permitir. Sin embargo, la Biblia nos insta a dar para la obra de Dios, incluso cuando no es fácil. La generosa Lidia les abrió su corazón a Cristo y su casa a otros.

Dios te ha dado todo lo que tienes. Pon primero a Cristo en todo, pues Él lo dio todo por ti. Puedes ser como Lidia, que estuvo dispuesta a dar lo que tenía para ayudar a los demás.

179

180

Pablo y Silas en prisión

Pasajes bíblicos seleccionados de Hechos 16 (DHH)

Pablo expulsó un espíritu malo de una joven que les producía mucho dinero a sus amos debido a su capacidad de adivinación. Los enojados amos arrestaron a Pablo y Silas y los metieron en prisión. Mientras estaban allí, sucedió algo sorprendente.

A la medianoche, Pablo y Silas oraban y cantaban himnos a Dios, mientras los presos los escuchaban. De pronto hubo un terremoto violento. Al instante se abrieron todas las puertas, y las cadenas de todos se soltaron.

Entonces el carcelero corrió hacia dentro y se echó a los pies de Pablo y de Silas; y les preguntó: «Señores, ¿qué debo hacer para salvarme?». Ellos le dijeron: «Cree en el Señor Jesucristo, y se salvarán tú y tu familia». Y él y toda su familia fueron bautizados; después los llevó a su casa y les sirvió de comer, y él y toda su casa se alegraron mucho de haber creído en Dios

De Billy Graham

Pablo y Silas sintieron mucho gozo porque fueron capaces de cantar himnos y alabanzas a Dios, aun cuando estaban en prisión. El gozo se produce en nuestros corazones cuando sabemos que Dios nos ama y tenemos una estrecha relación con Él mediante la lectura de su Palabra, la oración, el deseo de honrarlo en todo lo que hacemos y en el servicio a los demás.

El gozo no significa que nunca estaremos tristes, que nunca lloraremos ni que nunca nos asustaremos. La Biblia dice que cuando nos enfrentemos a dificultades, Dios nos ayudará a continuar y seguir amándolo. Debido a que Él está con nosotros, podemos estar «perseguidos, pero no desamparados; derribados, pero no destruidos» (2 Corintios 4:9). Pablo y Silas tuvieron gozo, y tú puedes tenerlo también.

¡Naufragio!

Pasajes bíblicos seleccionados de Hechos 27 (NVI®)

Pablo seguía encarcelado por hablarle a la gente acerca de Jesús. Lo enviaron a Roma para ir a juicio ante el emperador. Les advirtió a sus captores que era demasiado tarde en la temporada para zarpar, pero no lo escucharon. Navegaron en una terrible tormenta. Pablo les dijo:

«Señores, debían haber seguido mi consejo y no haber zarpado de Creta; así se habrían ahorrado este perjuicio y esta pérdida. Pero ahora los exhorto a cobrar ánimo, porque ninguno de ustedes perderá la vida; sólo se perderá el barco. Anoche se me apareció un ángel del Dios a quien pertenezco y a quien sirvo, y me dijo: "No tengas miedo, Pablo. Tienes que comparecer ante el emperador; y Dios te ha concedido la vida de todos los que navegan contigo"».

Los soldados pensaron matar a los presos para que ninguno escapara a nado. Pero el centurión quería salvarle la vida a Pablo, y les impidió llevar a cabo el plan. Dio orden de que los que pudieran nadar saltaran primero por la borda para llegar a tierra, y de que los demás salieran valiéndose de tablas o de restos del barco. De esta manera todos llegamos sanos y salvos a tierra.

De Billy Graham

Incluso durante una tormenta peligrosa, Pablo tuvo paz y confianza en Dios. ¿Cómo podemos tener esta clase de paz? Antes de que Jesús fuera a la cruz, Él les prometió a sus discípulos que les daría su paz. Les dijo que no dejaran que sus corazones se turbaran y tuvieran miedo (Juan 14:27, RVC). Hoy Jesús quiere lo mismo para nosotros también.

Nunca estamos solos si conocemos a Cristo. Él nos ama y está con nosotros. Él nos dice que nada «nos podrá separar del amor de Dios que es en Cristo Jesús Señor nuestro» (Romanos 8:39, LBLA). Cuando la vida es difícil, acude a Jesús, y encontrarás la paz, esperanza y fortaleza que necesitas.

Las cartas de Pablo desde la prisión

Pasajes bíblicos seleccionados de Filipenses 4, 1 Corintios 9, y 2 Timoteo 4 (RVC)

Bajo la inspiración del Espíritu Santo, Pablo escribió muchas cartas que nosotros los creyentes leemos hoy en día. He aquí frases de tres de ellas.

Regocíjense en el Señor siempre. Y otra vez les digo, ¡regocíjense!

No se preocupen por nada. Que sus peticiones sean conocidas delante de Dios en toda oración y ruego, con acción de gracias. Y que la paz de Dios, que sobrepasa todo entendimiento, guarde sus corazones y sus pensamientos en Cristo Jesús.

Por lo demás, hermanos, piensen en todo lo que es verdadero, en todo lo honesto, en todo lo justo, en todo lo puro, en todo lo amable, en todo lo que es digno de alabanza; si hay en ello alguna virtud, si hay algo que admirar, piensen en ello.

¿Acaso no saben ustedes que, aunque todos corren en el estadio, solamente uno se lleva el premio? Corran, pues, de tal manera que lo obtengan.

He peleado la buena batalla, he acabado la carrera, he guardado la fe.

De Billy Graham

Al igual que el corredor de maratón, nosotros [los cristianos] corremos una carrera larga. Su duración es mientras estemos vivos, y no debemos alejarnos de la pista, ni renunciar, ni unirnos a la multitud en las líneas de banda, ni disminuir la velocidad, ni dejar de correr.

El compromiso de un atleta significa tener un fuerte deseo de llegar a ser lo mejor que sea posible en su deporte. Tiene un objetivo: ganar. El compromiso no es solo una esperanza ni un deseo. El atleta utiliza toda su fuerza para ser el mejor.

Si un atleta quiere lograr la meta, el compromiso debe ir acompañado de disciplina. Un atleta perezoso nunca será exitoso, sin importar lo talentoso que sea.

Como «corredor» en la «carrera» de Dios, Pablo estaba *comprometido* con la meta y era *disciplinado* a fin de hacer lo necesario para alcanzarla. ¿Estás comprometido y eres disciplinado?

El mensaje de Juan a las iglesias

Pasajes bíblicos seleccionados de Apocalipsis 4 (NVI®)

El apóstol Juan contó esta visión de Dios cuando escribió el libro llamado Apocalipsis.

Miré, y allí en el cielo había una puerta abierta. Y la voz con sonido como de trompeta me dijo: «Sube acá».

Al instante vi un trono en el cielo, y a alguien sentado en el trono. Alrededor del trono había un arco iris que se asemejaba a una esmeralda. Rodeaban al trono otros veinticuatro tronos, en los que estaban sentados veinticuatro ancianos vestidos de blanco y con una corona de oro en la cabeza. Del trono salían relámpagos, estruendos y truenos. Delante del trono había algo parecido a un mar de vidrio, como de cristal. Alrededor del trono, había cuatro seres vivientes [que] repetían sin cesar:

«Santo, santo, santo
es el Señor Dios Todopoderoso,
el que era y que es y que ha de venir».

Estos seres vivientes daban gloria, honra y acción de gracias al que estaba sentado en el trono, al que vive por los siglos de los siglos.

De Billy Graham

Es natural preguntarse cómo debe ser el cielo. ¿Están las calles recubiertas en realidad con oro? ¿Qué haremos con nuestro tiempo? Cientos de otras preguntas se juntan en nuestra mente, y la Biblia no las responde todas. El cielo es tan increíble, y nuestra comprensión es tan limitada, que apenas podemos imaginar la gloria del cielo.

Sin embargo, una verdad sobre el cielo está clara por completo: De seguro que estaremos en la presencia de Dios para siempre. Desaparecerán todos nuestros miedos, tristezas y decepciones. Seremos transformados, ¡pues vamos a ser como Cristo!

Algún día... ¡el cielo!

Pasajes bíblicos seleccionados de Apocalipsis 21 (NTV)—22 (RV-60)

Entonces vi un cielo nuevo y una tierra nueva, porque el primer cielo y la primera tierra habían desaparecido. Y vi la ciudad santa, la nueva Jerusalén, que descendía del cielo desde la presencia de Dios. Oí una fuerte voz que salía del trono y decía: «¡Miren, el hogar de Dios ahora está entre su pueblo! Él vivirá con ellos, y ellos serán su pueblo. Dios mismo estará con ellos. Él les secará toda lágrima de los ojos, y no habrá más muerte ni tristeza ni llanto ni dolor. Todas esas cosas ya no existirán más».

Y [Jesús] que estaba sentado en el trono dijo: «¡Miren, hago nuevas todas las cosas!».

La gracia de nuestro Señor Jesucristo sea con todos vosotros. Amén.

De Billy Graham

La descripción del cielo y de la santa ciudad que se encuentra en Apocalipsis 21 y 22 va más allá de lo comprensible. La Biblia habla de puertas de perlas, calles de oro, un río de la vida y un árbol de la vida.

La Biblia enseña que el cielo, la casa de Dios, será un hogar feliz porque no habrá nada allí que nos impida ser feliz (Apocalipsis 21:4).

Pensar en un lugar donde no habrá pecado, ni dolor, ni discusiones, ni malentendidos, ni sentimientos heridos, ni dolor, ni enfermedad, ni muerte. ¡Eso es un vistazo de cómo estaremos en el cielo!

Una Oración de Billy Graham

Querido Dios:

Te damos gracias por todas las bendiciones que hemos recibido de ti. Te damos gracias por darnos tus Buenas Nuevas, lo que demuestra que eres un Dios de misericordia y amor. Somos pecadores, y te hemos desobedecido. Sin embargo, en lugar de rechazarnos, nos ofreciste perdón y nos invitaste a ser tus hijos adoptivos. ¡Gracias, Padre, por tu maravilloso amor!

Mientras te correspondemos en el amor día tras día, recordamos lo mucho que te necesitamos. Ayúdanos a recordar el bien y el mal que hay en este mundo, y a buscar tu reino antes que nada. Recuérdanos tu amor y perdón.

Te pedimos que bendigas a cada niño precioso que lea este libro. Guíalos para que te conozcan y sepan tu buen futuro para ellos. Dales sabiduría, como les prometes a todos los que te la pidan, y la fortaleza que solo tú puedes dar. Sobre todo, permite que cada uno de ellos te responda al volverse en fe a Jesucristo, y le pida que entre en sus corazones y vidas como su Señor y Salvador personal.

Oramos en el nombre del Padre, del Hijo y del Espíritu Santo. Amén.